居場所づくりから始める、ごちゃまぜで社会課題を解決するための不完全な挑戦の事例集

編著
一般社団法人えんがお
濱野将行
Masayuki Hamano

著
一般社団法人ユアセル
高橋智美
Tomomi Takahashi

一般社団法人ヒトナリ
上田潤
Jun Ueda

NPO法人ソンリッサ
萩原涼平
Ryohei Hagiwara

株式会社暮らり
橋本康太
Kota Hashimoto

CREATES KAMOGAWA

ようこそ。最高に厄介で、大変で楽しい世界へ。

「居場所づくりがしたい」。「いろんな世代がつながる場所をつくりたい」。そんなセリフを、僕は全国各地からとてもよく聞きます。対象や形は非常にさまざまです。高齢者が一人ぼっちになってしまっている状況を変えたい、不登校生の居場所をつくりたい、障がいのある人と社会のつながり、シングルマザー・シングルファザーを支える仕組み、ヤングケアラー同士が集える場所、若者の逃げる場所、経済的に困窮している人を支える空間…。とにかくいろいろな分野で、「つながり」が求められ、それをつくろうとする人もまた、増えてきています。

うれしくもある反面、少し焦ります。つながりの重要性をみんなが感じるほど、なんとかしなければならないと思う人がこんなに増えるほど、社会は今、悲惨な状況にあるからです。

つながりが希薄になり、「困っても誰にも頼れない」人が増えました。昔は、困った時に助けてくれる人が複数人いました。それは大きくわけると「家族」と「地域」と、そして「行政」です。

でも、家族は3世帯から2世帯になり、核家族が増えました。ひとり親家庭も増えました。悪いことでは全然なく、むしろいいことで、社会全体で「選択肢」が増えたのだと思います。ただ、家族というものが縮小し、困った時に助けてくれる家族が「近くにいない」人が増えたのは確かです。

「地域」も希薄になりましたね。いいか悪いかではなく時代の流れで、昔のように「困ったら助けてくれる地域の人」は少なくなりました。

日本の社会保障制度は、時代とともに進化していて、より細かい支援が増えました。でも、家族と地域が縮小した分のすべてを埋めることは難しそうです。

「困った時」に誰が助けるか

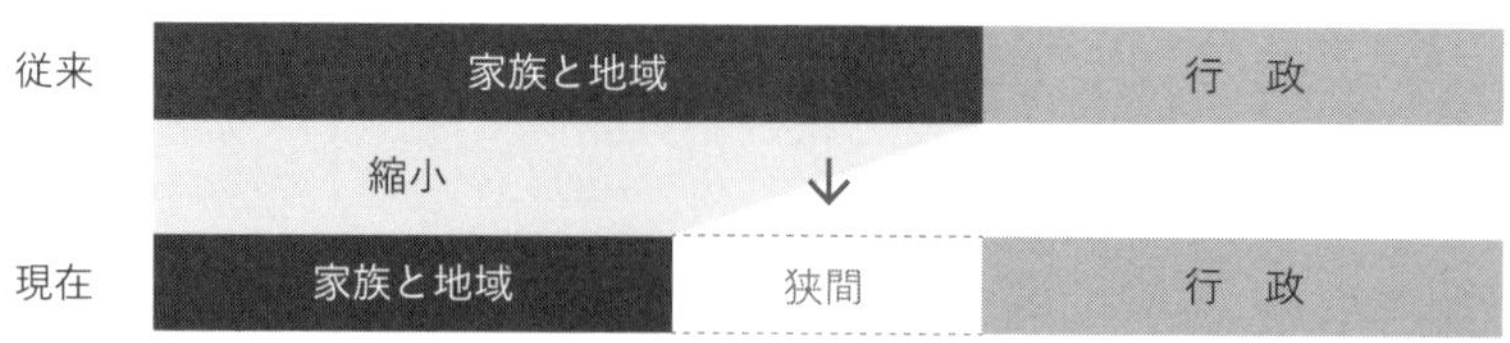

結果、社会全体に「狭間」ができました。この狭間は年々広がっていて、その狭間に落ちた人が「困っても誰も助けてくれない」と言います。

その人たちは、自己責任だから仕方ないでしょうか。あるいは、ごく少数の「運が悪かった人」でしょうか。

違います。「一人暮らし世帯」は、令和2年の国勢調査によると全体の3割以上に上ります。「困ったら家族に助けてもらう」が前提の社会で、単独世帯がこれだけ増えています。前提から変えて、家族以外から助けてもらうことを当たり前にしないといけないんです。

困っても誰にも頼れない人は、決して個人のみではありません。世帯ごと、家族ごとの孤立が増えています。そして、そのまま家庭内だけで困りごとを抱え込むと、時には「事件」につながります。それは「家庭内殺人」という、とても悲しい事件です。ごく一部の、ものすごく悪いことが重なってしまったケースだと思いますか?

それも違います。令和2年の警察白書によれば、今日本で起きている殺人事件の半数は家庭内殺人です。60年連れ添った夫婦が、誰にも頼れず互いに同意の上で殺害に至る。発達障害を抱えるお子さんを支えていたお母さんが、一人で全部抱え、耐えきれずに心中しようとしてしまう。そんな、悲しすぎる事件が増えているんです。形はさまざまで一概には言えませんが、近隣の方が「仲のいい家族だった」「子ども想いのお母さんだった」と話すようなケースも少なくありません。

こうした悲惨な社会の状況をみて、広い意味で「つながり」が必要なのだと感じる人は多いでしょう。その中で、さまざまな形でそれをつくろうとする人が増えています。それはとても困難なのは言うまでもなく、どうやらお金にならなそう。「こうすればいい」の答えもない。なのに、それが必要で、つくらなければいけないのではないか、とある日突然あなたは思ってしまった。

その気持ちは、なぜか日ごとに大きくなる。

大きくなりすぎると厄介なので、ちょっと抑えてみる。そのタイミングで、なぜかよさげな本に出会ったり、よさげな事例の記事が目に入ってしまったりする。

「そうだ、こういうことがしたいんだ」「実際にできるものなのか」

そう思った瞬間に、もう抑えも効かなくなって、よせばいいのに、どんどん調べてしまう。「どんな人がやっているんだろう」「お金はどうしているんだろう」…。

ようこそ。最高に厄介で、大変で楽しい世界へ。

この本は、そんなあなたに向けた本です。でも、先に言ってしまうと、残念ながらこの本に答えはありません。全国各地の同じような気持ちをもった人の、今後成功するかどうかもわからない挑戦の「はじめの一歩」をまとめた本です。答えはないけど、具体的な方法論を一緒に考えたり、悩んだりすることができる、そのための材料が詰まった本だと思います。

ただ、すべての人に起業したり団体を立ち上げることを促す意図も、行動こそがすべてだと威張る意図もありません。やり方はたくさんあって、実際に自分で行動を起こす方法もあれば、そういう人を応援する方法もあるし、政治側からの変化を起こしたり、とにかくＳＮＳで応援したりもよいと思います。

この本は、決して堅苦しくて難しい文字だらけの本を目指してはいません。適度に緩く、読みやすさの中で、あなたの「できるかも」という気持ちを肯定して応援するための本です。そのために、全国で頑張る、おもしろい取り組みを集めました。

そして「成功例」ではなく、今後どうなるかわからないけど、挑戦してみた最初の数年の話、をまとめています。

〔本の構成〕

Ｐａｒｔ1では、北海道、山梨県、群馬県、広島県の取り組みについて、活動している人たち自身が紹介します。何がきっかけで始めたのか、一歩目はどう踏み出したのか。何をやっているのか、どう収益を得ているのか、いないのか。始める時に怖くなかったのか。なかなか赤裸々でおもしろいと思います。

Ｐａｒｔ2では、この偉そうに語り口調で書いている人の取り組み（一般社団法人えんがおの活動）や収益について簡単に説明しつつ、居場所づくりやつながりづくりについて、僕なりに全体像をお話しします。これから活動を始める人、想いはあるけど、具体的に何をやればいいのか悩んでいる人には、少しだけ役に立つかもしれません。

さらにＰａｒｔ3では、医療法人社団 悠翔会 理事長の佐々木淳先生をお呼びして、こうした活動における社会的意義や、これらが今後どこに向かうべきなのか、その対談の様子をまとめました（出版社さんが）。

活動を始めたり、その想いを抱いたりするにあたって、社会全体の背景や今後目指すべきものも押さえておきたいですよね。客観的な視点も用いて、そのあたりをかなり密にお話しさせていただきました。すごーくおもしろかったです。

〔一歩踏み出したい人と、踏み出す人と踏み出した人へ〕

繰り返しになりますが、この本はこれからの活動へのエールと「一緒に考える要素をまとめた」本です。答えはないけど、どうやって悩めばいいのか、どこに向かえばいいのか、それを考えることができると思います。

成功事例集ではなく、現在進行形で挑戦中の取り組みの事例集です。そんな本だからこそわかる、生々しい最初の一歩の踏み出し方や、始めたら悩むポイントなどが見えます。それを見て、実際に自分も悩んだ時に「みんな同じなんだ」と安心して頑張れたり、「これか！　例のやつ」とおもしろがることができたりするはずです。あるいは、応援することで社会をよくしようとしている人は、活動者の生々しさにふれ、どんな応援が有効なのかがより鮮明に見えるかもしれません。書いていて思いましたが、この本のタイトルは「生々しさ」とかがいい気がします。それで提案してみます。

多世代交流ができる場所をつくったり、一人で悩んでいる人を支えるような活動をしても、お金にはなりにくいです。なのに、悩みは多く、トラブルばかり。一人でやっていたら、あるいは一団体だけだと、心が折れます。

でも大丈夫です。この本で、仲間に出会えます。実際に会わなくても、こうして「本」という人類史上最も尊い発明によって僕らはつながって、一緒に悩み、一緒に試行錯誤することができます。

さあ、それではまずは一人目の仲間から、会いに行きましょう。

濱野将行

2024年10月

CONTENTS

4 「多世代でつなぐ複合型『ふくし拠点』」

2 PART
居場所づくりの広がり
「えんがお」の取り組み

3
PART

対談
居場所づくりのめざす先

PART 1

居場所づくりのはじめ方

一般社団法人ユアセル
代表理事
高橋智美

一般社団法人ヒトナリ
代表理事
上田　潤

特定非営利活動法人ソンリッサ
代表理事
萩原涼平

株式会社暮らり
代表取締役
橋本康太

Part 1

1

0からはじめたまちづくり

一般社団法人
ユアセル 代表理事
高橋智美
Tomomi Takahashi

北海道札幌市

設立日：2022年6月（2024年5月に法人格取得）
事　業：生活支援サービス
フリースクール
URL：https://yoursel.org
SNS：

**自分らしくって何だろう？　人生って何だろう？
北海道札幌市で高齢者の生活支援、多世代交流イベントなどを行い地域の課題を解決していくユアセル代表の高橋智美。作業療法士の視点を活かしながら、学生時代から描いていた、それぞれがもつ得意やちがいを活かし地域活動を通して「何歳になっても自分らしく」を目指して日々奔走する。**

ユアセル誕生秘話

自分で何かをしたかった

北海道旭川市で生まれ、そこで学生時代を過ごした私は、小・中学生の頃は勉強が得意なわけでもなく、協調性もなかったため、集団行動になじめず、学校に行かない時期がありました。そんなことをしていたら、公立高校に進学できるはずもなく、全校生徒１００名にも満たない田舎の小さな高校に通うことになりました。

しかし、その高校ではじめて学ぶことの楽しさを知り、先生のサポートのおかげで、作業療法士を目指すという道が開けました。協調性は相変わらずなかったものの、「異動する先生たちの卒業式」や「忘年会」など、本来の学校行事とは関係のないイレギュラーな企画を実行する行動力は人一倍ありました。そんな私は、おもしろそうだと思ったアイデアを実際に形にすることが大好きでした。

専門学校を卒業して、晴れて作業療法士になった私は、地方の総合病院で勤務し高齢者を中心にリハビリテーション業に従事し、対象者の生活や人生に関わることができる作業療法士という仕事にとても魅力を感じていました。


しかし、〝コロナ禍〟を迎え、さまざまなものが制限されるようになり、自分自身の生き方について真剣に考えるようになりました。

自分はこの先どんな人生を歩みたいのか、20代の今だからできることはあるんじゃないかと思い、まずは転職しようと思い立ちました。未計画のまま、とりあえず北海道で一番人口の多い札幌市に行こう！と札幌市への転入を決意し、すぐに退職の意を上司に伝えました。そして、札幌の訪問看護の事業所に就職しました。そこでは、今まで以上に高齢者の生活を身近に感じられるようになりました。

今思えば、病院の退職を決意した時は、今、動き出さないといつまでも状況は変わらない。時間がもったいないという気持ちで迷いや怖さはなく、燃えあがっていました。

札幌に移住を決めたときからぼんやりと「独立する」という考えはあったものの、「自分に何ができるのか」「そもそもどうやって会社ってつくるの？」と、徳川家康が何をしてきた人なのかも知らない私にとっては、国どころか小さな会社を起こすという想像もできませんでした。

ですが、漠然とした夢はあり、

「子どもたちの学びや経験をサポートできる活動がしたい！」

「自分のような若者でも働きたいと思える場所（会社）をつくりたい！」

「おじいちゃん、おばあちゃんたちと畑作業しながらのんびりと過ごしたい！」

このようなことを思い描いていました。

まずは自分が興味のある活動（子どもたちの体験活動、空き家再生、まちづくり、コミュニティサロンなど）、を中心におもしろそうな活動を調べていました。

えんがおとの出会い

調べていく中で一般社団法人えんがお（以下、えんがお）という団体を見つけ、活動の内容や代表の考えを知って「まさに（私がしたいことは）これだ！」と感じました。

えんがお代表の濱野将行さん自身が作業療法士ということもあり、親近感を覚えた私は『ごちゃまぜで社会は変えられる』（クリエイツかもがわ、２０２１）をすぐに購入して、えんがおについてさらにリサーチをしました（本からは代表がとにかくビール好きということが伝わってきました）。

そしてまんまとえんがおのファンとなった私は、同じような活動を「北海道でやりたい！」という想いが強くなり、覚悟を決め、濱野さんに熱い想いを綴ったＤＭを送りました。正直返信（ＤＭ）が来るとは思ってなくて、相手にされないだろうなと思っていましたが、濱野さんはビールを飲む時間を惜しんで丁寧な返信とＺｏｏｍでお話しする機会をくれました。えんがおの事業、特に生活支援についてのお話をうかがい活動の一歩目を進めるための具体的なアドバイスを貰いました。

これが、ユアセルという団体が生まれたきっかけです。

最初の一歩目を踏み出すために、背中を押してくれる人がいたからこそやってみよう！という気持ちになれたんだと思います。

そして北海道での〝ごちゃまぜ〟の居場所づくりが始まりました。

はじめ方と広げ方

経営や事業を知らない私がはじめたこと

自分が目指す方向性が決まった時に、まずは同じような活動はないか調べて分析をしました。そうすることで今まで漠然としていた「何かやりたいな」のイメージを整理できたり、それぞれの事業がどのように成り立っているのかなど事業の構造を知ることができます。

私は医療の専門職として勤めていたため、恥ずかしながら「経営」や「事業」という言葉にすらなじみがなく、この活動を始めるまで興味をもつこともありませんでした。

そんな私が、まず始めたことは大きく三つあります。

①SNSでの情報発信

北海道で活動を始めると決め、まずは自分自身の知名度とつながりづくりのためにSNS（特にX）を利用して「こんな社会をつくりたい！」という想いを発信し始めました。その発信を見つけてくれた、偶然近所に住むママと東京都在住のおじさんとZoomで出会い、その日に3人で団体を立ち上げました。ありがたいことに今でも運営メンバーとして活動してくれています。メンバーの1人が他の団体で活動していた経験から、団体の活動は早いほうがいい（団体実績、活動日数に関わるため）という助言もあり、3人での初顔合わせの時が団体の設立日となりました。発信用アカウントをつくってから1ヶ月後のことでした。

②仲間づくり・関係者づくり

団体を立ち上げ、次は団体のことを知ってもらい一緒に活動するメンバーを見つけるために、知り合いや関係者を増やそうと動き出しました。現在ユアセルは運営メンバー4人と、高校生から70代までのボランティアメンバー39人で構成されています。

その9割が地元の地域に特化したジモティー、ボランティア募集に特化したａｃｔｉｖｏなどのインターネットサービスと、そしてＩｎｓｔａｇｒａｍなどのＳＮＳを利用して、住んでいる場所も年齢も職種も異なるメンバーが集まっています。

初運営MTGが記念すべき
設立日に（2022年6月）

③真似をする

三つ目が活動を真似することです。ユアセルの活動は高齢者の生活支援から始まりました。私が一番実現したいのは、子どもたちが住んでいる場所や環境に関係なく、さまざまな経験ができるようにすることです。しかし、教育の経験や知識がない私にできることは、普段関わりが多い高齢者への支援でした。

そこで参考にしたのが、えんがおの生活支援。料金体制や専門職、行政との連携方法などを学ばせてもらいました。

子どもの居場所づくりという視点では、一般社団法人ヒトナリ（以下、ヒトナリ）の「ソーシャルハウス宝島（以下、宝島）」で行うフリースクール。代表の上田潤さんからは子どもたちとの関わり方やマインドの部分で多くを学ばせてもらいました。そして、ついに２０２３年11月に念願の夢でもあった「しるべーす円山基地」というフリースクールを札幌で開設しました。

右も左もわからなかったからこそ、活動を始める際には全国各地の事例を見に行き、真似しながら実際にやってみることで、自分の活動にしていきました。

次は愛知県にあるとある駄菓子屋の真似をしようと準備中…。

ユアセルを知ってもらう

ＳＮＳの発信や、いろいろなところに出向く中で、しだいに関係者が増えていき、活動紹介や講演依頼、業界のキーパーソン（重要人物）を紹介してもらう機会が増えていきました。

そんな私たちも、はじめはどうやって活動の周知をしていけばいいのかもわからず、生活支援に関しては手づくりのチラシを作ってひたすら近所にポスティングを行っていました。ユアセル初期の活動はポスティングだったんですね。

しかし、がんばりむなしく結局チラシからの依頼はほとんどありませんでした…。

その後、インターネットサービスのジモティーを通して、札幌市の同じような生活支援のサービスをやっている社会福祉協議会（以下、社協）の職員さんとつながることができ、既存のサービスでは受けきれない依頼を紹介してもらうことができました。

いま思うと当たり前ですが、無作為にチラシを配るより、普段高齢者と関わりがある方たちから紹介してもらうほうが、サービスを必要としている高齢者に早く情報を届けることができます。

なのでいまは、各区の社協、地域包括支援センター、居宅介護支援事業所などの高齢者と深く関わりをもつ担当者とのつながりから、ユアセルの情報を届けてもらう方法をとっています。

また早い段階で非営利団体の支援を行う団体とつながれることはとても重要で、団体の立ち上げから運営までサポートしてくれたり、助成金の情報を得られたり、施設を安く借りられるなど、さまざまなメリットがあります。自治体によってさまざまですが、非営利団体向けの中間支援団体とつながること、活動を始める際に相談に行くことはとてもオススメです。

ユアセルの活動

訪問型生活支援（有償サービス）

私たちが生活支援を通して実現したいのは、ご近所同士の助け合いです。

昔は困っている人がいれば、できる人が駆けつけて助けていました。その繰り返しで支え合って生きてきたと思います。現在は、この形が少なくなっている、もしくはほとんどなくなっていますよね。なので、生活支援を通して関わることで、「あの人、今どうしてるのかな？」とか何かあった時に「大丈夫かな?」と思い出すきっかけになればいいなと思って活動しています。

そもそも生活支援というのはどんなものかというと、日常生活の中での困りごとをお手伝いするというもので、北海道ならではの依頼には雪かきなどがあります。有償のサービスとして1時間2000円~の料金で活動をしていて、対象は主に高齢者ですが、身体や精神に障害を抱えている人や、けがをして骨を折ってしまった人など幅広く利用してもらっていて、これまでに260件以上の依頼を受けてきました。

私の専門である作業療法士の視点も活かしながら活動を行っていて、たとえば生活の様子を聞き取ることで他の困りごとを見つけることができます。生活の様子で不安な点が見つかれば新たなサービスにつなぐなど、専門職ともスムーズに連携することができます。

窓拭き掃除
(作業中に利用者と日常会話をしています)

電球の取り替え

生活支援といっても難しいことをしているのではなく、メンバーが少し得意なことを誰かのために使うだけです。むしろ必要とされているのは誰にでもできることなんです。専門的な知識や技術が必要なときは専門家がいます。神社にお守りを一緒に買いに行く、一人暮らしのおばあちゃん家の草取りをする、ＹｏｕＴｕｂｅの見方を教えるなどの専門家がやらないような誰にでもできるようなことを、誰にも頼れず困っている高齢者の力になれることこそ意味があって、優しくて温かいつながりだと感じています。

また、生活支援のいいところはサービスをきっかけにして地域の活動に巻き込むことができます。特に、次にお話しする「多世代交流イベント」と相性がよく、生活支援で訪問した際に普段の生活の様子などを聞き取り、その方に必要なイベントのお知らせをすることで、普段家に引きこもりがちな高齢者や他者との交流機会がない高齢者にも直接情報を届けることができます。

地道ではありますが、直接顔を合わせてじっくり話をすることで関係性もできます。なので今後地域サロンや地域密着型の活動をしたい、高齢者を巻き込みたいと思っている方はぜひ生活支援を始めてください。困っている人の力になりながら、自分たちの活動を知ってもらえるそんな活動です。

イベント運営

イベント運営は生活支援同様ユアセルの大きな活動の一つです。

設立当初からえんがおと同様に空き家を活用したコミュニティサロンをつくりたいという想いはありました。しかし費用の面で理想とする物件を見つけることが難しかったり、固定費がかさむため事務所は設けずに活動してきました（２０２３年11月、念願の事務所を手に入れました！）。

ユアセルとしてはまだ多くの人に知ってもらう段階なので、自分たちが出向き、さまざまな区でイベントを開催し続けています。

ですが、常設のサロンや子どもたちの居場所をつくりたいという想いは常にあるので、この本を読んでいる札幌の方で空き家やテナント情報があればご連絡ください!!

イベントを行うのは楽しいことがしたいというユアセルの想いがあるからです。その中で子どもから高齢者まで自然と多世代が交流できることに焦点を置き、季節行事やワークショップ、スマホ教室などを定期的に開催しています。

まちのスマホ教室

スマホ教室は多世代交流の中でも若者と高齢者の世代間交流にはとてもいいイベントです。公民館の貸室を予約し、近くのお店や住宅にチラシを配ります。区の介護予防センターの職員さんや地域サロンのおばあちゃんたちのネットワークを活用し、毎回15名程度が参加してくれます。

活動をしたことのない区で開催した時は参加者がまったく集まらなかったこともありますけどね（苦笑い）。やはり広報は苦労しますね。

なので、おじいちゃん、おばあちゃんにはQRコードの読み取りを覚えてもらい、ユアセルの公式LINEを追加してもらっています。そうすることで次回からは、公式LINEに開催日をお知らせすることで参加してくれます。

サッポロつながる文化祭

サッポロつながる文化祭は、市内の高齢者から趣味活動でつくっ

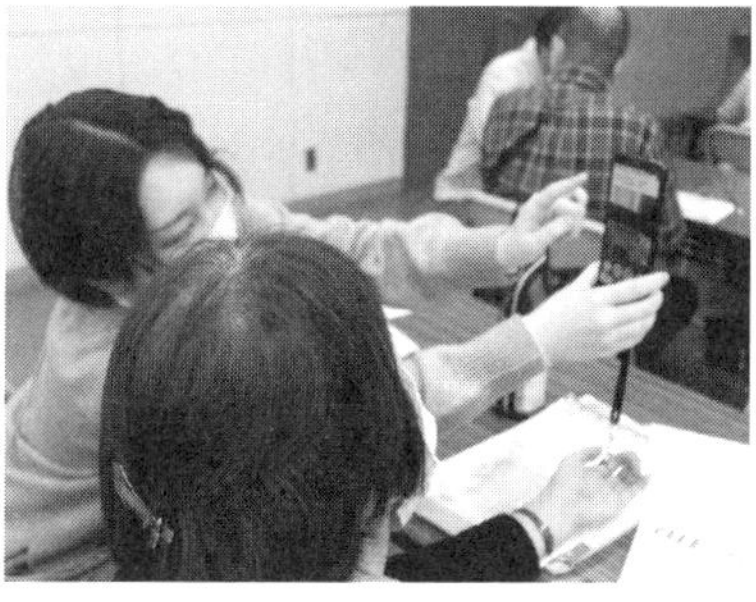

まちのスマホ教室

ている作品を展示してもらい、日頃の成果を見てもらうことはもちろん参加者同士の交流ができればと考え開催しています。当日は作品展示をメインとし7団体のブース出展を行い、参加者同士での交流ができるイベントとなりました。150名以上の来場者を動員し、ユアセルで一番の大きなイベントとなっています。

開催のきっかけは、私が学生時代に臨床実習で出会った患者さんとの経験でした。その方は、趣味の生け花を町内会の展示会に出展することを目標として、リハビリに取り組んでいました。一生懸命取り組んだ甲斐もあり、無事作品を展示することができ、自身も展示会に足を運ぶことができたのです。作品を展示するという目標に向かって、頑張る姿にとても感動して、その喜びを共有できた経験は今でも心に残っています。

目標をもつこと、そしてそれを誰かに認めてもらうことが、こんなにも人を生き生きとさせるものなんだと感じました。実際に文化祭で作品を展示してくれた高齢者から「こんな場をつくってく

サッポロつながる文化祭

れてありがとう」と、とても感謝されました。

若者を地域活動に巻き込む

私はユアセルの活動を始めてから、ボランティア活動をする機会や、地域の人や職場以外の人と関わる機会が増えました。結果みるみる人脈が広がり、非営利活動のよさや活動に関わるカッコいい人たちがたくさんいることに気づくことができました。そんなカッコいい人たちに、学生のうちに出会えることは何よりもよい経験になると考えています。地域活動やNPO分野を職業選択の一つに考える若者が一人でも増えたらいいなという想いがあり、学生たちを積極的に活動に巻き込んでいます。

実はボランティア活動に興味をもっている学生は多く、理由を聞いてみると「自分の成長につなげたいから」「誰かのためになりたいから」と答えています。一方、ボランティア活動の経験がな

未体験のペンキ塗り

い学生の理由としては「何をしたらいいかがわからない」「ボランティアをできる場所を知らない」という回答が圧倒的に多いことがわかりました（回答数36名、ユアセル調べ）。

そんな若者たちの活動の場をつくりたいと考え、大学のボランティア部やSNSのつながりを通して活動の案内をしています。生活支援では、経験したことがないであろうペンキ塗り作業だったり、イベントでは、一緒に企画から考えたりしながら、つながりを増やしたり、誰かのためになる活動は楽しいんだと感じてもらえるような工夫をしています。

活動を通しての気づき

3年分の段ボール

ある日、地域包括支援センターから電話がかかってきました。

内容は一人暮らしで手助けが必要なはずなのに、公的サービスや手助けを受けたくない方がいるとのことでした。担当者から話を聞くと、部屋の中に人を入れたくはないけれど、風呂場にある3年分の段ボールを処分してほしいとのことでした。

3年分⁉と驚きを隠せないままご自宅に向かい確認すると、

そこには、たしかにお風呂場の床から天井までびっちり埋まっている段ボールがありました。経緯としては、遠方にいる親戚が心配して食品等の物資を定期的に送ってくれるけれども、食べきれずに期限がせまっている食品と、処理できなかった段ボールが残ってしまったという状態でした。もちろんこのような状態でお風呂には入ることもできず、入浴は友人の家に行って済ませていたようです。

はじめは、サービスは受けたくないという話を担当者から聞いていたので、どんな人柄なのかなと少し緊張しながら話していましたが、私が作業をしている間、日頃の生活のことをたくさん話してくれるようになりました。

すると本人から「ときどき、家に訪問に来る人がいる。あんたもその仲間かい？」

お風呂場の天井まで埋まった3年分の段ボール

と言われました。

頼まれてきたことを伝えると「初対面なのに困ったことはないかと聞かれる。だからそんなものはないと追い返すんだ」と。

この時私はハッとしました。

「困っていることないですか?」の声かけは、関係性ができているからこそ成立するんだと。もともと、ユアセルの生活支援は作業のクオリティは素人でも、対話をすることを大切にしているのですが、このできごとを通して改めて関係性を築くことの大切さに気づかされました。

作業終了後には「久しぶりに家のお風呂に入れる」と喜んでいて、「たまに遊びに来てよ」と言ってくれた時は本当にうれしく、大切なことに気づかせてくれた経験でした。

収益について

ユアセルの活動の半分以上は生活支援の収入になります。次に助成金、そして寄付・会費で成り立っています。

私自身の働き方も変化しており、作業療法士の仕事を正社員からパート職員に変更し、現在は退職して、居酒屋でアルバイトをしながら生活しています。

働き方を変えた大きな理由として、平日の昼間に動きたかったからです。関係機関や各種窓口の開いている時間が主に平日なので、どうしても時間がほしくて、現在のスタイルに変更しました。収入は減りましたが、時間ができたことで、２０２３年度はいろんな場所に行きました。〝お金か、時間か〟で選択をせまられたとき、私はやりたいことに挑戦する〝時間〟を選びました。

助成金についてはこの活動を始めるまで、存在すら知りませんでした。助成金の探し方や申請の方法もわからなかったですし、活動実績というものが求められるものが多かったため、自分たちの団体が使えるものを探すことにも苦労しました。

ユアセルのはじめの頃は、スタートアップ向けの助成金で数

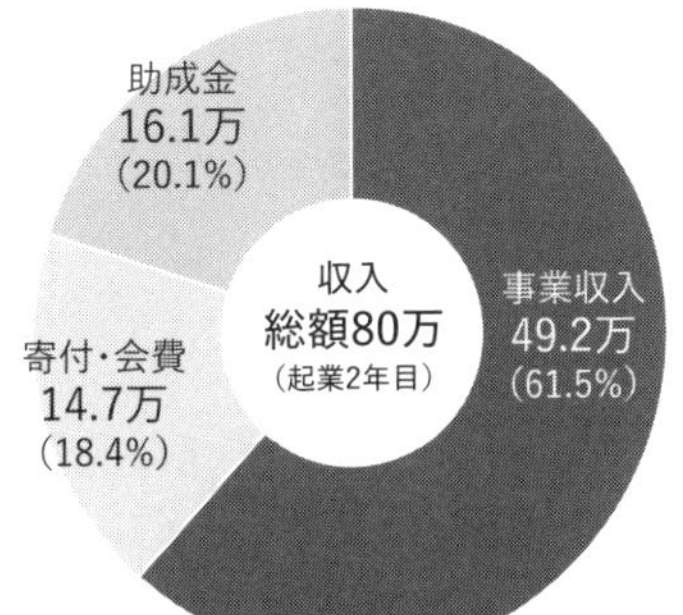

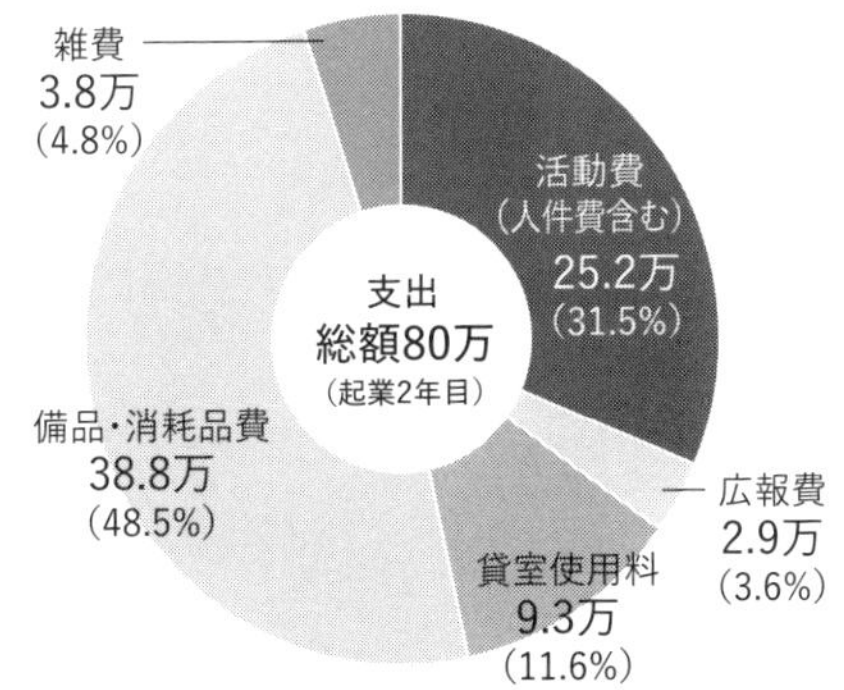

万円程度の規模を探し、申請をしていました。これから活動を始める方で助成金の申請や探し方がわからない人は、地域の中間支援組織に相談してみるのも一つの方法です。

偉そうなことを言ってますが、この文章を書いてるたった今、不採択通知が来て落ち込んでいます…。人生そううまくはいかないものですね。めげずに頑張っていきましょう。

会費については将来的に法人化をするといったことを見据えて、はじめから会員制度を設けています。

活動を一から始める方にとって、生活支援事業は出費がほとんどかからないので、オススメです。必要な道具は利用者さんから借りればいいですからね。

活動費は希望者に支給する形をとっているので、活動全体での支出が少なくメンバーの活動に対する負担やリスクも少なくすますことができています。

はじめにお金をかけたのは、ホームページ作成のためのインターネットサーバー契約と生活支援チラシ作成の広報費です。これらは合わせても3万円程度です。2年目になり、活動を拡大させるべく、イベントの開催が増えたことで広報費や場所代、物品購入などで支出が増えてきました。今も生活支援の収益や助成金をうまく利用しながら、持ち出しなく運営することができています。

ユアセルの展望

私は北海道が大好きです。自然豊かでご飯もおいしいですし。

ですがご存じの通り北海道はとても広いんですよね…。

広いがゆえに都市部と地方には情報、教育、医療・福祉などあらゆる面で大きな差が生まれていると思います。この差を埋めていくためには、各地で活動を行う必要があります。だから地域活動を通して、誰にでも真似ができるビジネスモデルをつくり、全道に活動を広げていく。そうすることで北海道全体の格差がなくなり、今よりもっと魅力を感じていける地域になる。そう信じています。

最近、ユアセルではフリースクールを始めました。住んでいる場所や家庭環境にかかわらず子どもたちの知りたい気持ちや、挑戦したい気持ちをサポートしたいと考えていたからです。〝学び〟は学校の先生や家族からだけじゃなくても得られると思っています。私自身、共働きの両親に変わり、さまざまな経験をさせてくれたのは「近所のおじさん」でした（近所のおじさんの話は長くなるので、直接会ったときにでも）。

子どもの頃からたくさんの大人と出会い、たくさんの価値観にふれることのできる環境をつくりたいと考えています。そのために、属性や年齢関係なくつながりを増やしていく活動が必要なので、地域の課題を解決しながら、つながりを増やす活動に今後も取り組んでいきます。

ユアセルがこの先どう進んでいくのかわからないですが、一つだけ決めていることがあります。それは必ず若者が働きたいと思える（会社）になり、5年後には新卒採用を行うということです。居場所づくりや地域活動が仕事になり、生きづらさや、社会になじめなかった若者が働ける場所になる。そんな環境を整えていきたいと思っています。採用まではいかなくても、地域活動やボランティア活動に、もっと興味をもつ若者を増やしたいです。今まで以上に大学生のボランティア部との連携や、活動してみたいと思う学生との関わりを積極的に増やしていきたいと思っています。新卒採用の前に、全道から「真似したい！」と思ってもらえるような会社づくりに挑戦してくれる仲間を切実に探しています（熱い熱いメッセージお待ちしております！）。

そして、これからは北海道に限らずユアセルに関わる人たちが、それぞれのまちで**「このまちに住んでいてよかった」**と思えるようなまちづくりをしていきたいです。

ユアセルはどんなちがいにかかわらず自分らしく生きられる社会を目指しています。

そのためには正しい情報を届けることや、選択肢を増やすことが重要であると思っています。医療・福祉や教育の隔たりをなくし、知りたいときに得たい情報が得られるそんなリソースセンターのような場所をつくりたいと思っています。

これからはじめる方へのメッセージ

活動を始めてこれはやっておいてよかったことをお伝えします。

①SNSをやってみる

SNSでの発信はオススメです。たくさんのつながりができます。始めてみて、自分に合わなかったり、疲れたらやめればいいんです。各SNSにも使用しているユーザーの年齢層や投稿の方法のちがいなど特色があります。主なSNSは、本名で登録し年齢層の高いFacebook、画像や動画媒体で発信し幅広い世代に利用されているInstagram、リアルタイムの発信に強いX（旧Twitter）などそれぞれに特徴があるので、自分に合いそうな媒体を見つけてみてください。

②わからなければ聞く・人を頼る

わからないことを人に聞くのって勇気がいりますよね。仕事でも学校でも、怒られたらどうしよう、バカにされたらどうしようと思ってなかなか聞けないこともあります。

私もよく一人で悩んでることがあります。でも、悩んでる時には他のことが手につかないし、先にまったく進めないので時間をすごく無駄にしています。知っている人に聞いてしまえば、悩んでいた時間が何だったんだろうと思えるくらいの速さで解決できます。だからこそわからないことがあれば、知ってそうな人を紹介してもらうという力も必要です。一人で悩まないようにしましょう。

あとは人を頼ることです。

これも難しいことですが、ユアセルでは大切にしていることです。自分らしくを実現するには、それぞれの得意を共有したり、不得意を補ったりすることだと思っています。生活支援では、メンバーの得意が活かされます。運送系の仕事をしているメンバーがタンスの移動をしたり、表計算が得意なメンバーがPC操作のサポートをしたりと力を貸してくれます。生活支援だけではなく、活動の中で困ったことがあれば「助けて」と声をあげると、団体外からもこれならできるよ、こんな方法があるよとサポートしてくれます。素直に頼ることで何度助けられたか…これからもみなさん助けてください！

③まずはやってみる！

やっぱりこれにつきます。

いくら理想像を描いていても動き出さなくては意味がないです。

いいなと思う人が見つかったらメッセージを送ってみる、実際に会いに行く。生活支援を始めたいと思ったら既存のサービスを調べてみる、近所の高齢者に困りごとがないか聞いてみる。どんなことでもいいと思います。もちろんそれぞれの環境でできることが違ったり、人生の中のタイミングで難しいこともあるかもしれないけれど、誰かの居場所になるという活動は、意外とすぐにできるものだったり、日々の生活の中ですでに行われているものだったりします。

私も他の活動を見ると、自分にはこんなことできないよとよく思います。でも、そうじゃなくて「今の自分にできることは何だろう」と考えて、小さく挑戦していくことが大切なんじゃないかと思います。

ユアセルを立ち上げてから社会のためにカッコいい活動をしている、熱い想いをもっている人たちが全国各地にたくさんいることを知りました。この本を一緒に書いている4人もそうです。

人脈も、お金も、知識もゼロで活動を始めた私が、仲間に入れてもらえているのは

「少し行動した」たったこれだけなんだと思います。

私には、叶えたい夢がたくさんあります。人生の中でやりたいこと100選リストをつくっていてその1つに「本を執筆する」がありました。こんなに早く叶うもんなんだなと一人ニヤニヤしているところです。

私もまだまだ始めたばかりです。みなさんと同じステージに立ってます。

最近、学習支援や高齢者の地域サロンも始めました。どれも決してお金を稼げるような活動ではありません。それでも、子どもたちの「楽しかった」。高齢者の「こんな場所がほしかった」。そんな声を聞くたびに本当にやってよかったと思います。

なので、一緒に始めてみませんか？

私も生きることをあきらめない社会を、挑戦することが恥ずかしくない社会を目指して今日も進んでいきます。

Part 1

2

人がとなりあう景色をつくる

一般社団法人
ヒトナリ 代表理事

上田 潤

Jun Ueda

山梨県富士吉田市

設立日：2023年5月
事　業：不登校支援・若者支援・子育て支援・高齢者協働モデル開発
URL：https://hitonari-social.com
SNS：

富士山の麓、山梨県富士吉田市に拠点をかまえるヒトナリ。福祉分野とはほど遠いベンチャー企業出身の代表上田潤が築いたごちゃまぜの居場所づくりとは。「人のつながりで社会をゆるめる」というコンセプトで、新たな社会資源の創出や人の暮らしをまぜるコミュニティデザインに取り組むヒトナリをのぞきみる。

ヒトナリ誕生秘話

僕のこと

みなさんはじめまして、一般社団法人ヒトナリ代表の上田潤です。福祉の世界に足を踏み入れたことのなかった僕がどうして今、人の居場所やつながりづくりをしているのか。そんなルーツも含めて、会社のことや事業のことを紹介する前に、少し自己紹介をします。

1991年生まれ、山梨県南アルプス市出身で、高校まで山梨県で過ごしました。比較的勉強や運動ができたので、学校のヒエラルキーの中ではいいポジションにいたと思います。ただ、優等生キャラを演じている自分や、そんな毎日には味気なさを感じていました。「人生こんなもんか」と斜に構えたひねくれ者は、特にやりたいこともなく、田舎から抜け出したいという理由で、東京の大学へ進学しました。

入学してすぐに授業を出席しなくなり、目的もなくアルバイトとサークルに明け暮れる日々を過ごし、就活もろくにせず、なんとなく内定の取れたベンチャー企業へ就職。そのあと、いろいろな会社を転々としましたが、優秀なサラリーマンとしてバリバリ成果を出すような働きぶりではありませんでした。

価値観の変化

そんなサラリーマン期間中、病気を患ってなかなか大変だったことがあります。なんと24歳の時、がん（精巣悪性腫瘍）が見つかりました。幸いステージ1の初期に発見できたため転移はなく、手術のみでことなきを得ましたが、精巣を取られるという貴重な経験からの気づきは大きかったです。「死んでしまうかもしれない」という怖さと闘いながら、これまでの人生を振り返り、結婚したい、子どもがほしい、親孝行したい、その他にもやりたいことがたくさん出てきて、「もっと生きたい」と強く願ったことを覚えています。

人生いつどうなるかわからないと学んだ数年後、今度は27歳でうつ病と診断され、約1年間社会から離れました。当時の職場はすごく楽しかったのですが、いろんなことを任せてもらったのにあまり成果が出ず、不安で眠れない夜が続き、ある日会社に行けなくなりました。「自分が何もできない人間なのではないか」と悩み苦しむ日々が続きましたが、家族や友人に支えられて、ゆっくりと元気になることができました。誰かがそばにいてくれる心強さを、じっくり感じた1年でした。

2020年1月、新型コロナウイルスが発生し、不安と混乱が世の中を覆いました。暗いニュースばかりが日々聞こえてきて、孤立や孤独がウイルスと一緒に伝播する異常事態。その当時、僕はサラリーマンとして山梨県のリゾート地にあるアウトドア施設の運営を任されていました。もちろん予約はすべてキャンセルとなり、今後の見通しも立たないため施設は休業。スタッフも休職状態を余儀なくされました。

そのぽっかりと空いた時間の中で、これからどうしていこうか考えていたとき、まちづくりに取り組む同世代の「地域おこし協力隊」の人たちと出会い、交流するようになりました。この世界のピンチに何もできない自分にモヤモヤし

きっかけをくれた富士吉田市の先輩たち

ていた僕とは対象的に、こんな状況だからこそ自分たちに何ができるかを考えて活動している彼らの姿に憧れを抱きました。

僕が今までやってきたことは何だったんだろうと。

月並みですがお金を稼いだり、仕事で成果を上げることよりも、直接人の役に立てるようなことをしていきたいと、「地域おこし協力隊」として山梨県富士吉田市に移住することになりました。

キツかった模索期と転機

まちづくりというと、観光や地産品など、地域の魅力開発が主流ですが、僕は直接人の暮らしに作用できるような活動をしたかった。領域でいうと、福祉や社会課題の解決に取り組もうと考えていたのですが、大学は法学部で、ずっとサラリーマンをしていた僕にとっては、その分野への知識も経験もなく、具体的なイメージがもてず、モヤモヤする毎日を送っていました。

それでも、考えてばかりでは始まらない、まずはとにかく地域の課題を探そうと、行政の各課へ出向いて話を聞いたり、まちの先輩たちの活動の手伝いをしたりしていました。

転機となったのは、市内にある高齢者施設での出会いでした。そこには30人くらいのおじいちゃん、おばあちゃんがいて、介護予防の一環として運動をしたり、手芸やトランプ、健康麻雀など、各自好きな活動をしていました。ギリギリ20代だった僕は、みんなから孫のように可愛がってもらい、どこの誰かもわからない移住者を笑顔で受け入れてくれる寛容さがありがたく、一緒に食事をしたり、レクリエーションで交流する時間が、とても居心地がよかったことを覚えています。

親睦を深めていくうちにおじいちゃん、おばあちゃんがいろいろな話をしてくれるようになり、受け入れてもらえたことの喜びから、「この人たちに何かできることはないかな」と恩返しのような気持ちが芽生えてきました。

高齢者の現状にふれる

寂しい、やることもお金もない、身体のことが心配、家族に迷惑をかけたくない。だけど頼る人もいない。そういった声をたくさん聞いて、とても悲しい気持ちになったのを覚えています。

これまで仕事をし、子育てをし、一生懸命生きてきた先に待っている未来がこれでいいのだろうかと、強い違和感を覚えました。「誰もがいずれは高齢者になる」この現状を他人事には到底思えず、

「なんとかしなくては」と、自分の活動テーマがぼんやりと見えてきて、これまでのモヤが晴れていくのを感じました。

では高齢者の孤立に対して、僕にはどんなことができるだろうか。いろいろ調べた結果、どうやら日常的に人とのつながりをもてるような場をつくることがよさそうだということはわかったのですが、当時はまだコロナ禍で、人を集めるような、ましてや重症化率の高い高齢者を対象にしたつながりづくりは、現実的ではありませんでした。

集まることが無理なら自分が会いに行けばいいのでは？と調べていくうちに、高齢者の「生活支援」なるものにたどり着きました。全国でもいろんな事例があり、家族の役割を代行したり、日常の困りごとの手助けをするような事業や活動を指していることがわかりました。福祉の経験がなくても、社会的孤立状態にある地域のおじいちゃん、おばあちゃんに対して、みんなの孫的ポジションで自分にできることはたくさんあるような気がして、「これだ！」とさっそく行動に移しました。

〈じばサポ〉事業、始動

「僕」というつながりで、孤立している高齢者の暮らしに少しでも安心感が生まれたらと、地域包括支援センターとも連携し、高齢者の生活支援を始めました。

僕としてはお孫さんみたいに困りごとの解決を手助けするというイメージなので、あまりリスクを想定していなかったんですが、福祉業界未経験者ということで、関係者の心配ごとは多いようでした。だからこそ入念に市の職員や福祉窓口と打ち合わせを重ねて、協力体制をとれるようにしました。

事業名は、おじいちゃんおばあちゃんサポーターの略で〈じばサポ〉としたのですが、ここでも一悶着。実は当初、「孫レンタル」という名前にしていたのですが、ある日「レンタル孫」という事業をやっている方から連絡があり、商標権の侵害に当たるので名前を変えるようご指摘をいただいたのです。それきっかけで商標について学び、自身の無知を痛感しながら名前を改めることになりました。

最初から依頼殺到とはなりませんでしたが、介護保険制度ではカバーしきれない日常の困りごとはやはりたくさんあるようで、しだいに相談は増えていきました。

草むしり、雪かき、掃除、ゴミ捨て、買い物や受診など外

〈じばサポ〉買い物同行

出の付き添い、中には引っ越しの手続きを一緒にすることもありました。
「久しぶりに自分で買い物ができてうれしい」「今までゴミを捨てるのも命がけだったんだよ」といった言葉の中に、高齢者の力になれていることを感じて、とてもやりがいがありました。

その一方、活動が進むにつれて、支援というアプローチに疑問をもつようにもなりました。今日ゴミ出しへ僕が行っても、そのおばあちゃんは明日も自力でゴミを出せない。それは状況として前進しているのだろうか、と感じるようになったのです。困ってから対処するのではなく、困らない状況をつくるという予防的な地域の仕組みづくりが重要だと考え、「やはり、まちにはもっと集まる場所が必要だ」と決意した頃、コロナ禍は少し落ち着きをみせていました。

ヒトナリの事業

暮らしの交差点をつくる

いよいよ場づくりに向けて本格的に動き出すことにしました。まずは事例調査。全国には魅力的な事業がたくさんあってどれも見てみたかったのですが（貧乏だったので遠方は断念）、山梨県近辺で数か所、見学に行きました。実際に行ってみて得たことは大きかったです。

①視察先の方が話に共感してくれるので仲間感、応援感を得られる（実際に当時のつながりが今も続いています）

②理想の姿がより具体的になる（数ヶ所行ったほうがいい）

③ハードよりソフトが大事（施設の機能等より、人と向き合う現場力）

④できる範囲のスモールスタートからでいい（正解がないことも多い、みんな転びながら学んでいる）

目指すところを明確にするためにも、これから活動を始める方はぜひいろんなところへ足を運んでみてください。どこへ行っても学びはあると思いますが、自分のイメージに近いところを3か所くらい、しっかりお金を使って行くのがいいのかと思います。いい事業者こそお金を取ってちゃんと説明してくれるので、折角の機会、お金をかけてがっつり学んでしまいましょう。もちろん、事前にキャッチアップできる情報はすべて目を通しておくなど、準備は入念に。

ちなみに今でこそこんな偉そうなことを言っていますが、実は僕自身、見学に行くたびにどれもすてきな取り組みで真似したくなり、自分が何をするのがいいのか逆にわからなくなってしまいました。そんな時に行ったえんがお（栃木県）での交流が勇気をくれたんです。

そこでは同世代の若者たちが悪戦苦闘しながらも歯を食いしばって、居場所づくりに取り組んでいました。えんがお代表の濱ちゃんとは今も仲良しですが、当時うだうだしていた僕の話を聞いて、「俺が始めたときより10倍マシ！　あとは動くだけじゃん！」と励ましてくれました。えんがおメンバーと連日飲み歩き、理想や想いを大声で語り合った時間（二日酔いになりながら）は「何を迷っていたんだろう」かと思うほどに僕の背中を押してくれました。

視察でパワーを蓄えて山梨に帰ってきた後、えんがおモデル（空き家を活用した居場所づくり）を真似ようと、すぐに物件探しにとりかかりました。空き家を探していること、こんなふうに地域のために活用したいことを盛り込んだチラシを作成、各所へ配布し、実際に地域を歩きながら自分の足で空き家を探し回ること1ヶ月。なかなか見つからずに悩んでいた時、地域の方から紹介があり、すてきな一軒家に出会うことができました。

大家さんとの直接交渉で賃貸契約を結び、掃除をしたり、必要そうな備品を集めたりして、2022年4月、多様な人々

ソーシャルハウス宝島

の暮らしをまぜる場として、「ソーシャルハウス宝島」が誕生しました。「宝島」という名前には「人とのつながりは宝物、みんなで一緒に探しに行こう」という意味を込めています。

人のつながりで社会をゆるめる

宝島を始めてからいろんな人がとなりあう景色、人がつながるすてきな作用をたくさん見てきました。その中で活動に共感してくれる地域のすてきなメンバーと出会い、事業をより広げていくため、宝島を開所してから1年後の2023年5月に法人を設立しました。

一般社団法人ヒトナリは「人のつながりで社会をゆるめる」というコンセプトで、新たな社会資源の創出や、人の暮らしをまぜるコミュニティデザインに取り組んでいます。誰もがいろんな生きづらさを抱えながら、今日も必死に生きています。でも世の中は各所で分断されていて、残念ながら孤立や孤独があふれてしまっている。もっと僕らは一緒に幸せになれると信じて、人のつながりづくりや、居場所づくりをしています。そんな想いで立ち上げたメイン事業の宝島では、地域サロンやフリースクール、子育て支援や若者の自立支援等の取り組みを行っています。

地域サロン

誰でも歓迎の地域サロンは毎週開催しています。当初は高齢者の孤立・介護予防を目的としていましたが、最近は高齢者に限らずいろんな人がごちゃまぜに集うようになりました。

とはいっても、最初は誰も来てくれなくて閑古鳥が鳴く毎日でした。それもそのはず、ずっと空き家だった物件に移住してきた若者が住みだして、「みなさん、気軽に寄っていってください」と言っているのです。そりゃ警戒しますよね。拍車をかけるようにして宝島開所1ヶ月で僕が新型コロナウイルスに感染してしまい、逆に誰かに来てもらっては困る状況になってしまいました。具合も悪いし事業の走り出しも雲行きが怪しくて、めちゃくちゃへコみました。事業のことをちゃんと地域に伝える必要があると気持ちを切り替えて、町内をポスティングして回ったり、マスコミや市の広報などにも情報を載せてもらえるように働きかけました。

世代を超えての昼食づくり

そんなこんなでだんだんと安全なことが伝わったのか、人が訪れるようになっていきました。地域サロンでは特別なことをしているわけではなく、地域のおばあちゃんたちがつくってくれたご飯を、家族のように一緒にいただきます。不登校の子どもたち、移住者、地域の若者やママさんなど、毎回20人くらい参加するので、お盆やお正月に見られる親戚の集まりみたいな状況になります。献立はみんなで相談しながら決めていますが、各自が自慢の漬物や煮物など持ってきてくれるので、品目の多い豪華な食卓になることが多いです。みんなの優しさでいつもおいしいものがお腹いっぱいに食べられて、幸せな時間です（おかげで僕のダイエットは成功する見込みが立ちません）。

お茶を片手に談笑するおばあちゃんたちの横で、不登校の子どもたちが勉強したりゲームに熱中したり、その横には仕事をする地域の若者がいる。僕はいつもそんな光景を見ながら、「やっぱり一緒にいるっていいなぁ」とニヤニヤしています。来たい時に来て、好きなように過ごし、帰りたい時に帰る。宝島がみんなにとって二つ目の家のようになれているとしたら、とてもうれしいことです。

フリースクール

フリースクールは、宝島を開所してからちょうど1年後の２０２３年4月から始めました。正直なところ、宝島を開所した当初、フリースクール事業を始めるとは思ってもいませんでした。きっかけは、地域の「不登校の親の会」（以下、親の会）との出会い。代表の方はご自身の娘さんが不登校になったことをきっかけに、親の会を立ち上げたとのこと。自分だけでなく、他にも必ず同じように悩んでいる人がいるから、そんな人たちのために集いの場を設けたいという話に共感し、宝島を親の会の会場として使ってもらうことにしました。

みなさんの話を聞いているうちに、不登校の子どもたちが増え続けていること、その子どもたちが地域に居場所の選択肢がないことが具体的にわかったので、なんとかしようとフリースクールを始めることにしました。小学生から高校生まで、年齢や特性・障がいの有無等で制限を設けずに子どもたちを受け入れています。

フリースクール入会の際に気をつけていることは、「本人が来たいかどうか」という点です。その大事な気持ちを欠いて、保護者がフリースクールに行かせたいからということになると、学校に行く行かないと同じになってしまいます。なので、本人の来る意思が確認できないうちは、こちらから積極的に誘ったりせず、待ちの姿勢を保ちます。知らない人の輪に入ったり、知らない場所へ出向くのは大人でも緊張したりしますよね。子どもたちも同じで、気持ちを整理したり勇気を出すまでに時間がかかるのは、ごくごく自然なことなのです。そうはいっても、やっぱりいきなりフリースクールに来られない子のために、２０２４年6月からは不登校生向けのホームスクールサポート事業も行っています。まずはお家でスタッフと関わることから始めて、ゆっくりフリースクールにも顔を出してくれたらうれしいと考えています。

フリースクール開校当初は週1日だったのが、子どもたちの要望ですぐに週2、3日になり、２０２４年4月から週5日の常設型になりました。この原稿を書いている現在は6月、常設型になってから2ヶ月が経ちましたが、「楽しいけどかなり大変だな」というのが正直な感想です。日中は現場で子どもたちと向き合っているので、自分の時間はとれません。みんなが帰ったあとデスクワークをするのですが、全然時間がたりず、休みという休みはほとんどとれていないのが実情です。事業体制を変えるときは組織の体力を考えないといけないという大切なことを学びました。

在校中のカリキュラム等は特になく、子どもたちの興味・関心を起点に自由に過ごしています。宝島の特徴としては、お昼ご飯の用意を全面的に任せていることです。予算を伝えて、子どもたちで献立を考え、買い物へ行き、調理から片づけまでみんなで悪戦苦闘しながら取り組んでいます。僕はみんな

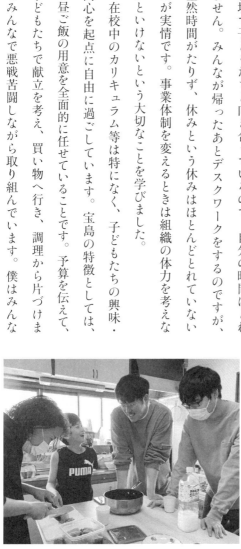

自分たちで献立から買い物までする昼食

がつくってくれるご飯を、いつも楽しみに待っています。時にはユニークなメニューやビジュアルに出会うこともありますが、それも一興。みんなどんどん料理の腕を上げていっています。その他にもフリーマーケットに参加したり、動画やゲーム制作をやってみたり、お泊まりイベントの開催なんかも子どもたち発進でやってきました。これからも一緒にいろんなことにチャレンジしていきたいです。

活動を通しての気づき

いろんな暮らしがまざる宝島では、日々たくさんのドラマが生まれます。そんな人間模様をチラッとご紹介します。

障がいがあっても安心して働ける場をつくる

フリースクールのメンバーで一番のお兄ちゃんは高校3年生のユウシです。彼はアスペルガー症候群（自閉スペクトラム症）という障がいがあり、人とのコミュニケーションにやや特異性が見られます。実際に宝島でも、思ったことや感じたことをストレートに伝えることが多く、受け止めるのに少しこちらの余裕が必要なときがあります。また、いわゆる空気を読むということが苦手なため（空気を読めばいいというものでもないですが）、誤解やすれ違いが起きやすかったりもします。

そんな彼は、学校でいじめられた経験があり、最終的に不登校になりました。一時は入院しなければならないほど精神的に追いつめられてしまった彼が、宝島と出会って今日も笑顔で過ごしている姿を見ていると、それだけでもフリースクールをやってよかったなと思います。

一緒に料理をしたり、カードゲームを教えてくれたり、お話好きな彼とはたくさん話をします。そんなユウシにはすてきな夢があります。「障がいのある人が働けるカフェを開くこと」です。彼がコンビニでアルバイトをしていた時、障がいのある人、障がいのない人とが一緒に働くことの難しさを感じたのだと言います。そんな経験から、自分のように障がいがあっても、安心して働くことのできる場をつくろうと思い立ったそうです。

カフェを開くために大学へ行き、経済を学びたいと受験を頑張る彼の姿を僕も近くで見ていました。そんな努力が実を結び、無事志望校へ合格したユウシをフリースクールのみんなでお祝いしました。一人暮らしなど新たな心配もあるみたいですが、それでも夢に向かって進んでいく彼のことを、僕は尊敬しています。

大学に入学してからはじめてのGW、彼が宝島に顔を出してくれました。その時の表情にびっくり。フリースクールに来ていた頃よりも自信や活力に満ちていて、なんだか垢抜けて大人っぽくもなって、「大学めっちゃ楽しいよ!」と伝えてくれました。「東京に染まっちゃったね」と冗談をとばしながら、成長するってこういうことなんだろうなぁとしみじみ。これからのユウシの活躍を楽しみにしています。

クロちゃんとユウゴ

クロちゃんとユウゴというフリースクールのスタッフがいます。2人は移住者で、イラストレーターとして活動している傍ら、子どもたちと関わることが好きということで事業立ち上げ期からのメンバーです。最初の出会いは、クロちゃんが地域サロンへ参加したいと連絡をくれたことがきっかけでした。仕事の関係で移住してきたが、知らない地域で居場所がなく、孤独感があったとのこと。また、2人はトランスジェンダーのパートナー同士で、身体は女性として生まれてきたけれど、自身の性別の認識がそれとはちょっと異なるということでした。そんなこともあって、宝島の多様性に可能性を感じて訪れてくれたのです。

クロちゃんが地域サロンになじんできた頃、パートナーのユウゴについて相談を受けました。ユウゴは家族関係が原因で精神疾患になったことがあり、その影響もあって人に苦手意識をもっているということでした。人が大勢いる空間も苦手で、家にこもりがちな毎日を過ごしているユウゴのこれからを心配して、地域サロンへ連れて行きたいけど、なかなか難しい状況。とりあえずタイミングを待つことになりました。

はじめてユウゴに会ったとき、帽子を深く被って、話していても目は合わず、思っていたよりもハードめに人を避けている様子でした。それもそのはず、人と目が合って緊張しないように、視力が低いのにもかかわらず裸眼で過ごすというユニークな対策を講じていたのです。そんなユウゴは、おばあちゃんたちに温かく迎え入れられ、宝島にゆっくりなじんでいきました。今ではフリースクールで毎日子どもたちと一緒にイキイキと過ごしています。はじめて会ったときと比べるとまるで別人で、パートナーのクロちゃんもユウゴの変化にとても驚いているとのこと。居場所や人のつながりが、誰かの人生を大きく変えることを改めて実感したできごとでした。

活動がらこういう発言をするとびっくりされることもあるんですが、僕は「誰もがわかり合えて、一緒にいて心地のいい空間なんてものは存在しない」と考えています。

多様性や共生という言葉も、なんとなくそれがよしとして使われがちですが、「一緒にいるのがいい」

「わかり合うのがいい」ということに縛られすぎると、逆に窮屈な世の中になってしまうとさえ思います。程よい距離感で関わりしろがあること。そこがとても大事です。

新たなつながり自体に価値があり、そこからどうなるかなんてことは誰にもわかりません。人と一緒にいるのは基本的にめんどうなことも多い、でもそれを超えてくる感動や奇跡みたいなことがあるからつながりづくりをやっているのです。僕がやりたいことは支援や社会貢献ではなく、人が関わるすばらしさを探求したいというところに主題があります。

宝島の日常風景「まずは一緒にいるところから」

収益について

「地域おこし協力隊」という選択肢

僕は「地域おこし協力隊」として、自治体から地域活動について委嘱を受けるという形で、年収280万円・事業費200万円（自治体によって異なります）という予算の中で活動しています。

その範囲内でほとんどの活動を行っているので、事業収益はゼロに等しいです（利用者から赤字にならない程度の実費を負担してもらっている）。経営としてはかなりお粗末と言わざるを得ませんが、居場所づくりを事業化するスタートアップ期間として、地域おこし協力隊制度を活用することは、今後いいモデルになると考えています。

そもそも居場所づくりは受益者からお金をもらうということが難しい事業です。補助金や助成金を活用したり、クラウドファンディングを立ち上げて一時的なお金が入ったとしても、経営的に安定するまでは時間がかかります。また、人相手の現場は生き物で、良くも悪くも計算や予想通りにいかないことばかり。事業者も実績や経験を積んで、成長していくことが必須になってきます。そんな居場所づくりが事業化へ向かうスタートアップ期間として、地域おこし協力隊制度の活用はオススメです。

基本的に移住が前提ですが、3年間身分を保証されて（最大任期3年）地域で活動できるのは、居場所づくりと相性がいいです。ちゃんと地域の人たちの声を聞いたり仲間を募ったり、事業の準備に注力でき、行政の管轄下という立ち位置なので、各公共機関とも連携がとりやすくなります。

また、居場所づくりはその作用が行政サービスと密接に関係していることが多いので一緒に事業をつくっていける可能性もあります。むしろそのあたりをパッケージ化して「地域おこし協力隊」を募集する自治体が現れたりしたらすごくいいな思います。

とはいえこの制度、自治体によってかなり実態が違ってくるので注意も必要です。やる業務が決まっている場合が多いので、それを居場所づくりと絡められるかどうかはよく考えてみてください。ちなみに企画提案型（フリーミッション）協力隊の募集をしている自治体もあって、自分のやりたいことができるので、どちらかというとこちらがオススメ。自分の知らない土地へ移り住み、3年以内に公益性の高い事業を立ち上げ、経営的に軌道に乗せるのは簡単ではないですが、いきなり銀行からお金を借りるよりはリスクが軽減でき、いろんなことも試せる。気になった方は、ぜひ全国の「地域おこし協力隊」の募集を調べてみてください。

この本を読んでくれている方の中から、僕のいる富士吉田市で一緒に活動してくれる仲間に出会えたらうれしいなぁと思います。

「お待ちしています！」

ヒトナリの展望

まちの善意をあつめて、まちぐるみで社会課題に向き合う

民間の非営利団体が、活動のための資金を個人・法人・政府などから集めることを「ファンドレイジング」と呼びます。僕らヒトナリも、これからファンドレイジングに力を入れていきたいと考えています。もちろん資金を募るという目的はありますが、もう一つの大きなねらいは、参画者を増やすということです。寄付や連携という形で、孤立や孤独に起因するさまざまな社会課題の解決に一緒に向かう仲間を募りたいと考えています。僕らだけの小さな力では太刀打ちできないことがたくさんあります。社会や地域をどれだけ巻き込むことができるかが勝負です。

社会課題は誰かがどこかで解決するのではなく、みんなでなんとかするもの。まずは同じ食卓につくところから始めなければいけません。日本には寄付文化がないとよく言われますが、だからこそ伸びしろはあると考えています。活動の原資となるお金だけでなく、物的資源（物件や車、食材や消耗品等）や人の力（ボランティアや地域の協力）など、まちの善意を集めて社会資源を創

出することで世の中に還元していけたらと思います。

その中で最も力強い味方になると期待しているのは、地域の企業のみなさんです。今日まで会社を成長させ、守り続けて地域をつくってきた先輩たちは、そのまちの未来を、次世代のことを一緒に考えてくれるはず、必ず力になってくれると信じています。そんな先輩たちと共に、富士吉田市発の、「まちぐるみであらゆる社会課題に向かう先進的なエコシステム」をつくっていきたいと考えています。

福祉を変えるのは福祉の外から

こういった活動をしていると、「福祉の経験がなくて困りませんか?」と言われることがよくあります。

正直なところ、僕自身がその必要性を感じたことはほとんどありません。そもそも、これまで世界中で福祉的

まちの力を集めて、みんなでなんとかする

な活動がたくさん行われてきたにもかかわらず、以前として社会課題が山積している状況なのです。つまり、これまでと同じではダメで、福祉業界にイノベーションを起こさなければなりません。そのためにもっと今まで関わっていなかった人を巻き込んで、殻を破っていく必要があります。

これからは福祉をまちづくりとして浸透させていく仕掛け人を増やしていくことが大事。専門性が必要なタイミングが来たとしても、自分が身につけるのではなく、スキルがある人を巻き込めばいいのです。世の中をよくするのは誰でもいいので、臆することなく、どんどんやってしまいましょう。活動を進めていけば、いずれ専門家になれます。むしろ僕自身が、「外から福祉を変えていくモデル」として作用していけたらいいなと考えています。福祉の境界線を曖昧にし、いい意味で福祉という世界感自体をあまり感じることなく、事業や活動に巻き込まれていく人が増えていくといいな。しんどいから助け合おうではなく、一緒にいたほうが楽しいからつながりづくりをしていこう。そんな雰囲気でこれからも歩いていこうと思います。

これからはじめる方へのメッセージ

住み開きのすすめ

何から始めたらいいかわからなかったり、いきなり事業化へ向けて大きなお金を借りたりするのは勇気がいりますよね。そんな最初のステップとして、「住み開き」はオススメです。

宝島は僕が住んでいる家を地域に開放しているので、家賃などさまざまな部分でコストカットができています。また、一般的な一軒家なので施設感があまりなく、アットホームで入りやすかったという声もよく聞きます。地域に空き家はたくさんあると思うので、まずはそれを探してみてください（できればそのまま活用できる状態の物件がいいです）。

気に入った物件を見つけた時、地域のために活用することを理解してくれるすてきな大家さんだったら、交渉しだいで家賃や契約期間等の諸条件を調整できることもあります（宝島は賃貸契約ですが、改修等は自由にさせてもらう許可をいただいています）。

物件を決めるときは状態の良さや家賃というよりも、大家さんが事業への理解や共感を示してくれる方かどうかをポイントに判断するといいでしょう。物件が決まったら、コンセプトや詳細を盛り込んだチラシを作成して、関係各所へ出向いて宣伝をしましょう。ちなみに最初からフルコミットせず、仕事をやりつつでも大丈夫です。居場所づくりを事業としてやっていきたいのかというバランスにもよりますが、むしろ最初は月に数回、家を開くぐらいのほうが気が楽でいいかもしれません。

そもそも、今の気持ちとしてはやってみたいけれど、やってみた時に本当に自分がやりたいと思えるかどうかや自分の生活スタイルに合った形での活動の仕方は、実践なくしてはわかりません。ぜひ気軽に住み開きを始めてみるところから、居場所づくりの第一歩を踏み出していきましょう。悩みは僕が聞きます。

必ず誰かの力になる

家を開放したり、スペースを借りて試験的に居場所の開催をした際、参加人数が少なかったり、場合によっては誰も来ないこともあるかもしれません。

ただ、どんな結果だったとしてもまちがいなく言えるのは、やってみる前よりは必ず前に進んでいるということです。たとえ参加人数が一人だったとしても、もしかしたらその人の命を救っているかもしれないし、悩んだり苦しんだりする日常に指した一筋の光のように、貴重な時間や出会いになっているかもしれません。宝島を運営している中で、こんなことを言われることがあります。

「今は行けないけど、自分を受け入れてもらえるかもしれない場所が地域にあるだけで安心します」

実際に場に足を運ぶまでに時間がかかったとしても、こういう場所がある、それを知っているだけでも、誰かにとっては今日を生きる力になっているかもしれないと思うと、すごく励みになります。

こんなふうに、活動を始めれば必ず誰かの力になることはまちがいないので、そんなに心配せず自分のできる範囲で、想いをカタチにするためになんでもいいから動き出してみてください。僕にできることがあれば、協力させてもらいたいです。

一緒にいこう

今、人の暮らしを取り巻く社会課題は多様化し、いろんな要因が複雑に絡み合っています。少子高齢化、不登校、貧困、虐待、自殺、ヤングケアラー…。どれも分野ごとに区切った社会福祉制度だけでは抜本的な解決になりづらいことは、ご承知の上でしょう。もっと福祉を地域にひらいて、まちづくりへと移行していくことがこれからすごく重要になってきます。自分や家族だけではままならないことも、みんなで一緒にいればなんとかなります。ともに幸せな未来を歩くには、全国にもっと居場所やつながりづくりに取り組む仲間が必要です。

孤立や孤独があふれる世の中を変えていくために、本書を通じて出会えたみなさんと一緒に進んでいけたらとても心強いです。

事業を進めていけば大変なことはたくさんありますが、誰かの力になりたいというすてきな想いをもったみなさん自身が苦しまないように、僕ら活動者側も孤立や孤独を抱えずに助け合っていけばいいんです。

世の中のあらゆる生きづらさを人のつながりでゆるめることができると信じて、これからも精進していきます。そんな社会を目指して一緒に歩いていきましょう。

GOCHAMAZE MEETING

ごちゃまぜ座談会 その1

司会：えんがお
濱野将行

ユアセル
高橋智美

ヒトナリ
上田　潤

この座談会は2024年4月19日にごちゃまぜサミット番外編として開催されたオンラインセミナーを2話に分けて掲載しています。
その1は、居場所づくりのはじめの一歩は何をするかについて本書Part1の高橋さんと上田さん、司会濱野さんでお届けします。

居場所づくりの一歩目は何からはじめる?

濱野（司会）　まずはズバリ「居場所づくりの一歩目は、何から始めるか」から話を始めましょう。

高橋　そうですね。最初は、自分がやりたい活動のモデルを見つけることかなと思います。私の場合、すでに成功している人や、うまくサービスができあがっているところを参考にしようと思ってインターネットでサイトやSNSを調べました。
　それで子どもたちの体験事業を提供するプログラムと居場所づくりをやりたいと思っていたので、そういう関係を調べていたら、「えんがお」がヒットしました。

濱野　それでSNSのDMで連絡をくれたんですね。それって勇気がいりませんでしたか。

高橋　めっちゃいりました。だから、えんがおと濱野さんのプロフィールや考え方などを、Twitter（現、X）やブログ、ホームページ、本などで片っ端から調べました。すると私のやりたいことと似ているし勉強したいなって、その次はもうDM送ってましたね。

濱野　受ける側からすると、想いをぶつけられることって基本的にはうれしいことなんですよね。

若いことって大きなメリットで、おそらくすべての実践者は、10代や20代の人から頼まれると断れないところがあるんじゃないかと思います。なのでまずは調べてみて、興味のある人がいたら会いに行ったり聞きに行ったりすることは、一歩目としてはトライしやすいことだと感じています。一方上田さんは、福祉関係でなくビジネス畑からの挑戦ですよね。

上田　そうですね。僕はこの業界の知識がなかったので、高齢者福祉から居場所づくり、ランドスケープデザインなどの建築関係も、全体を把握する意味でいろいろな本を読みあさりました。

僕の場合、とにかくやってみるというのがあまりできないタイプなので、勉強すればするほど、世の中の課題が見えすぎて、何から手をつければいいのかわからなくなってしまう時期がありましたね。

最初の一歩としては、社会課題を把握したうえで、自分がやりたいこと、やれそうなことを照らし合わせて、あとは小さな一歩でもいいから、少しずつやれることを積み重ねていきました。

濱野　2人の最初の一歩は共通してますよね。調べること、生の声を聞くこと、興味のあるところはどんどん調べて、モデルケースが見つかればさらに掘り下げていくことで、その活動を自分ができるかどうかの分かれ目のように感じます。

僕も一歩目を思い出してみると、10年くらい前になりますが東京で、自分がやりたいことをすでに実践しているところに聞きに行ったんですが、アポイントを取った後に、話を聞くのに1時間1万円とわかって…。栃木から東京まで往復1万円ほどかかるし、はじめての経験で、高いなとも感じたけど、それでも詳しく知りたくて行ったのを覚えています。今となっては、実践者の話を聞くのにしっかりお金を払う大切さも実感しています。

それで実際に動き始めると、1週間に1回も人と話さないおじいちゃん、おばあちゃんから「毎日寂しい」という声が聞こえてくるので、ある程度の話が聞けたらもう、怖くてもどこかで動かざるをえないですよね。

動くときには、上田さんのように「地域おこし協力隊」を活かしているパターンもありますが、高橋さんの場合は、常勤からパートにして週4日の勤務で生計を立てながら、残りの3日で最初の一歩を踏み出したということですよね。高橋さんは常勤からパートになるとき、怖くなかったんですか。

高橋　不思議とそのときは怖くなかったんです。もう「やりたいスイッチ」が入っていたので、お金よりも自分のやりたいことに時間を使いたいという想いのほうが強かったし、関係者や行政の人たちは平日の昼間じゃないと会えなかったので、そこに時間をつくりたくて、すんなりパートにしました。

濱野　そうなんだね。そのへんは人によって、やりたいことがあってすぐに動ける人もいるし、家庭があって養う人がいる人にとっては、必ずしもパート戦略がいいかどうかわからないけど、できる範囲でまずやってみるというところが、どこかのフェーズで必要という感じはありますね。

それと、上田さんみたいに居場所づくりに取り組みたいってなったとき「地域おこし協力隊」の制度を使うのはめっちゃありだなと思っています。上田さん、この制度について簡単に説明してください。

上田　「地域おこし協力隊」は総務省が管轄している制度で、実施主体は市町村などの自治体です。首都圏や都会に集中した人口やスキルを地域に分散させて、経済の発展などをしていこうという、移住政策の中に入るものです。期間が最長3年間と決められていて、その間はある程度の給料が保証されます。詳細は自治体によって異なるので、各自治体の募集要項などを調べてもらったほうがいいですね。

濱野　とはいえ、やりたいことができないという声も耳にしますが、どうでしたか。

上田　僕が住んでいる富士吉田市は、着任した隊員がやりたいことをまち全体で応援する雰囲気ができあがっていて、とても活動しやすいし、地域の人はもちろん行政関係者やいろいろな人に応援してもらえるので、この地域で活動を始められてよかったですね。

ただ、自治体職員の熱量がそれほどでもない場合や、やることが完全に決まっていて隊員の自由度が少ない場合もあって「思っていたのと違う！」という声もよく聞くのでここもリサーチが必要な部分です。

もう一点、気をつけたほうがいい点として、3年間の給料も事業費も保証されて、やりたいことができると期待し、田舎でゆったりとキラキラした生活を送ろうというイメージ先行型で移り住んでも、多くは都会圏からの移住なので、田舎暮らしによる環境の変化は想像以上に大きいと思います。自分は本当にその生活がしたいのか、本当にやっていけるのかきちんとシミュレーションしないと、難しいところもあります。

濱野　公開されている情報ですが、実際に隊員になるといくらの給料がもらえて、いくら事業に使えますか。

上田　具体的には各自治体によって違いはありますが、総務省の資料（https://www.soumu.go.jp/main_content/000799726.pdf）によると「地域おこし協力隊員の活動に要する経費」は「520万円／人を上限（報償費等：320万円、その他活動経費：200万円）」とされてます。その他に「地域おこし協力隊員等の起業に要する経費（100万円上限）」などもあって、僕はいま年収280万円と年間200万円の事業費を活用しています。

濱野　事業費でパソコンなども買えるんですよね。

上田　そうです。ただしそういった細部も自治体によるので、入念な下調べと担当者との打ち合わせをしたほうがいいですね。隊員の活動費はもともと公金なので、やはり公益性の高い用途が要求されますし、事業の効果測定など定期的に地域の人たちに発信することも大事になってきます。

濱野　ベースで月14～16万円くらいの収入が保証されて、プラス活動費として年100～200万円くらいあるというイメージですね。ただし、自治体によっては自分の期待と異なる場合もあるから事前によく調べる必要がある、ということですね。

上田　そうですね。経営も込みで新しいことに挑戦するのは腰が引けるけど、最初の数年は制度を活用しながら挑戦してみたい、という方。富士吉田市で僕と一緒にしたいという方は大歓迎ですから、ヒトナリのSNSをチェックしてください！

濱野　そこもめっちゃ重要ですよね。最初に活動を始めるリーダーにスポットライトを当てられがちですが、リーダーは一定数いて「ファーストペンギン」と呼ばれるんですが、チームにとってより重要といわれる2人目の「セカンドペンギン」がなかなかいないですよね。

そこって地域活動の課題で、自ら活動を始めることもすごく価値がありますが、セカンドペンギンになる人はすごく希少で価値が高いから、どこでも求めているんです。立ち上げるだけが正義じゃなく、セカンドペンギンとして共感した活動を支える人の存在を、みんなが待っています。だから、どこも募集されているんです。高橋さんと上田さんも北海道と山梨県でメンバーを募集しているので、ぜひみなさんチェックしてください！

専門知識がないのも強み

濱野　僕と高橋さんは作業療法士ですが、上田さんはサラリーマンからの転身です。みなさん聞きたいと思うのですが、福祉や教育、発達障害などについて専門的に学んでいなくても、高齢者の生活支援や居場所づくり、不登校生支援などはできるものですか？

上田　できるものというか、僕はやってしまっているんですね。目の前に必要とされる課題がさしせまっていて、専門知識の有無をとやかく言っている場合ではないという想いで、少しでもいい方向にしていかないとと動いたんですよね。

既存の福祉領域で対応できていない問題がたくさんあるというのは、その業界の人たちだけで考えていても、頭打ちになっているんじゃないかなという感覚はあって、やっぱり他分野からの異なるエッセンスや視点を入れていかないと、地域の課題って解決しないんじゃないかな。もちろん瞬間的には、制度や事業によって専門知識があったらよかったなと思うこともあるけど、それは専門知識や資格をもっている人と一緒にやっていけばいいんだという想いです。

最近は、旗を立てる人ってむしろ専門性がないほうが、余計なフィルターなしでその業界や事業を見ることができるので、おもしろい発想が出てくるんじゃないかなと考えています。

濱野 ここはものすごく重要ですよね。地域の課題に取り組むうえで常識や慣例っていう壁はあって、それをつきやぶるためには福祉やまちづくりの課題に専門外の人もどんどん入っていく必要があると考えています。

もし専門外で知識もないのに「やっていいのかな」と悩んでいる人がいたら、むしろ「あなたこそ必要です！」というメッセージを送りたいですよね。

上田 本当にそう思います。

濱野 その一方で、やはり瞬間的なものでなく、専門的な知識や資格が必要だと思ったタイミングはありましたか。

上田 それは信頼感ですかね。フリースクールを始めたときでも、目の前の利用者さんは僕のことを知っているので大丈夫なんですが、一般的な世間の目として「あいつは資格もないのに本当に大丈夫か」という視線は感じましたね。

濱野 わかる！　けどそこはネットワークで解消できないかなと考えていて、たとえば、上田さんが発達障害のある子どもの対応で悩んでいたときに、僕や高橋さんに聞ける体制をとっておけば、「作業療法士のアドバイザーがついています」とうたえます。実際にそういう体制をとっていれば、必ずしも専門家が現場にいる必要はなくて、どうしても専門性が必要になるときにはアドバイザーを入れてネットワークの力で解消することも考えられますね。

やっぱり気になるお金事情

濱野　話は変わって、ここからはやっぱりみなさんが気になる「お金」をテーマにうかがっていきます。高橋さんはやるべきことを探っていきながら生計も立てなければいけないという今の状況について、どんなお金事情でどう感じてますか。

僕も最初の頃売上500円の月があって、すごく共感しながら聞けるんじゃないかなと思っています。

高橋　お金に関しては、やはり不安でしかないですね。フルで働いていた頃と比べると半分以下の給料で、ほんとうにギリギリの生活です。でもその分、しっかり準備できるので、今後の活動できっと巻き返せるんじゃないかな。なので、ちょっと余裕ぶっこいていますね。

濱野　半分も共感できなかったけど、その根拠のない余裕ぶっこけるところが高橋さんのすごいところですよね。

ところでいま助成金はどの程度もらっていますか。ユアセルは任意団体で、法人化前に受けられる助成金についてもみなさんと共有しておきますね。

高橋　はじめてチャレンジした助成金は5～6万円程度のものでした。いまはようやく10～20万円程度の助成を受けられるようになってきて、今年は数百万円規模の助成金にチャレンジしています。小規模の助成金から少しずつチャレンジしているという感じですね。

濱野　補足すると助成金や補助金は、基本的に活動内容に応じて申請することができます。オープンな応募フォームがあるわけではなく、インターネットを調べると、たとえば「高齢者の居場所づくりに取り組む団体に補助金を出す」や「高齢者と子どもが交流する機会をつくる事業に20万円補助する」などの公募情報が出ています。補助金・助成金は情報戦といわれていて、僕たちも毎月のように検索をして、自分たちに合うものを探しては申請しています。

任意団体だと補助金は5万円から20万円くらいまでという感じで、法人格があると助成額が100万円くらいの応募資格が得られ、かつ活動歴が3年以上になってくると200〜300万円の助成金が出てくるという感じです。

このへんは高橋さんの、早く始めると応募資格も早く得られるという話が印象的でした。

高橋　助成金や補助金を申請するのに活動歴が2年または3年以上必要というものが多くて、それだと立ち上げ当初はどれにもあてはまらなかったんです。私は幸運にもSNSでつながった運営メンバーに、他の団体を立ち上げた経験者がいて、補助金の活動歴のことを知っていたので、その人のアドバイスで「立ち上げ日は少しでも早くしましょう」と提起をうけて、最初のZoomの顔合わせの時を実績開始日としました。

濱野　僕も確かにそうだなと感じたところで、月に1回の活動でも助成金申請の活動実績になるから、少しでも早く始めることは成功の第一歩かなと思います。

高齢者支援から不登校生支援は これからのデフォルト?

濱野　さて、高橋さんと上田さんの共通点として、高齢者の居場所づくりや高齢者の孤立支援にトライしたのち、フリースクールという不登校生支援に行き着いてますよね。えんがおもまったく同じ道をたどっていて、これがこれからのデフォルト（標準）になるんじゃないかなと考えています。2人にお聞きしますが、フリースクールをするきっかけって何かありましたか。

高橋　私はどちらかというと、最初から子どもたちのための事業をやりたいという想いがあったので、ゆくゆくはやるつもりでした。でも、さきほどの話じゃないけど、教育分野の知識も体制も場所もなかったので最初からは取り組めなくて、そのときに自分ができること、やりたいことを探した結果が高齢者分野だったんです。

きっかけといえば1年活動したあと、上田さんの宝島に見学に行ったことかな。フリースクールの現場も見て、高齢者と子どもたちがまざって関わる場所ってすてきだなって、もう「自分もやんなきゃ」と感じました。

濱野　上田さんのところの宝島の光景も、高齢者と不登校の子どもが入りまじっていて、めちゃくちゃいいですよね。

上田さんはもともと高齢者の居場所づくりを始めたのに、なぜフリースクールを始めたんですか。

上田　僕の場合、モノやお金でない人のつながりをつくりたいという想いから一軒家を地域に開放したのがきっかけですね。

当初、利用者の多くは高齢者だったんですが、就職に失敗してから将来の不安で不眠症の若者から「いま病院に通っています。どうすればいいかわかんなくて、夜になるとパニックでいろんなところに電話しちゃいます」という悩みや、不登校の子がいる家族からは「うちの子が不登校でこんな状況ですけど、宝島に行ってもいいですか？」と相談されたことがきっかけで、利用し始めた若者や子どもが増えていったんです。

そもそも宝島を始めたのが2年前で、当時はフリースクールをやるなんてまったく考えてなかったんです。出会ったり話を聞いたり、その子の様子を見たりしたとき、なにか力になれることはないかなと思い、やってみた結果ですかね。

今後はフリースクールを利用している子どもが大きくなったときに利用できる、自立支援の場や居場所にもなるような取り組みも始めようと考えています。やっぱり目の前にニーズがあって、その人と出会ってしまったからには、僕はうまくいくかどうかより「必要だからやるよね」みたいなことが、この事業を組み立てるときのベースにはなってるんです。

濱野　2人が話してくれたようにきっかけは人それぞれあって、高齢者の居場所づくりや生活支援をやっていた人が急にフリースクールを始めると、もしかしたら何かブレてるように見えるかもしれません。

でも実は、そもそも困っている人を助けること、地域のニーズに応えることが前提なんです。そして地域のニーズに合わせていくと、いま本当に不登校生が増えている現状があって、しかも高齢者と不登校生をまぜてみるとすごく相性がいい、ということがわかってくる。

だからやるよねってなるのは、すごく自然なことかもしれません。もちろん高齢者にこだわることも必要だし、逆にこだわらなくてもいい。そういうところは、2人のスタンスを知るとすごくみえてきますよね。

そこでさっきの上田さんの話が生きてきます。専門性がないとダメという価値観だと、多世代交流は絶対に起こり得ないですよね。結局、地域のニーズに応えていくのは専門性ではなくてまず現場性なんです。専門性はあとからめっちゃ頑張って身につけていく。

僕もフリースクールを始めてから不登校についてめっちゃ勉強しました。資格や知識にとらわれずに地域のニーズに応えていくと、専門性は自然と必要になってきますよね。

濱野　ここまでの話って、僕が始める前や始めた頃に聞きたかった話で、みなさんにも響くところがあったんじゃないかと思います。

もっと聞きたかったのですが、あとは読者のみなさん自身に動いてもらいどこかでお会いしたとき、この話の続きをしたいですね。

みなさん本日は、どうもありがとうございました。

Part 1

3 想いを大切に社会と人とのつながりをつくる

特定非営利活動法人
ソンリッサ 代表理事

萩原涼平

Ryohei Hagiwara

群馬県前橋市

設立日：2017年5月30日
事　業：→地域の担い手となる“まごマネージャー”人材の育成
→持続的な地域づくりを行うための自治会サポート
およびモデル事例の構築事業
→高齢者見守り・コーディネートサービス“Tayory”
→地域健康サロン“コネクト”、
居場所・相談支援事業“プレイス”
URL：https://sonrisa-npo.com
SNS：

群馬県前橋市で活動するソンリッサは、孤立・孤独に対し「つながり」というキーワードで、時には行政とも連携し、さまざまなアイデアやサービスを送りだしている。若者と高齢者のマッチングで持続可能をみこしたサービスで地域の孤立・孤独を笑顔に変える。

最近一人暮らしの高齢者の方とお話をされましたか？

少し前の統計データですが、「一人暮らしの高齢者の4割が2、3日に1回以下しか会話をしていない」、さらに「高齢者男性は6人に1人は月に2回以下しか会話をしていない」というデータ（内閣府「平成26年版高齢社会白書」）があります。社会的な孤立は死亡率を高めます。この現状を少しでもよくしていきたいと思い事業をしています。

私はNPO法人ソンリッサ（以下、ソンリッサ）代表理事の萩原涼平です。

1994年生まれの29歳で、主に群馬県で「ひとりで抱えずに優しいつながりがあふれる社会をつくる」をビジョンに掲げ、高齢者の孤立・孤独を笑顔に変えること、高齢者と社会のつながりをデザインし、優しいつながりがあふれる地域社会を目指して活動しています。

「ソンリッサ」とはスペイン語で「笑顔」を意味し、〝笑顔にあふれる社会をつくりたい〟という想いを込めて名づけました。はじめは覚えてもらえるか不安でしたが、今では少しずつこの名前を口にしてくださる方が増えていて、喜びを感じています。

ソンリッサでは目指す社会の実現のために、達成したい成果を言語化し、それに対して活動を体系的に整理・図式化することを試みています。また、達成したい成果が生まれているかを検証するために、社会的インパクト評価※の考え方を取り入れて、高齢者や自治会に対するアンケート調査やインタビュー調査によって成果の把握を行います。

※社会的インパクト評価：社会的インパクト（短期、長期の変化を含め、当該事業や活動の結果として生じた社会的、環境的なアウトカム）を定量的・定性的に把握し、当該事業や活動について価値判断を加えること。（出典：内閣府による「社会的インパクト評価の推進に向けて――社会的課題解決に向けた社会的インパクト評価の基本的概念と今後の対応策について」（２０１６年3月）の定義）

特徴的なソンリッサの活動として、高齢者が孤独・孤立に陥りやすいという課題に対し、群馬県内で「まごマネージャー」による独自の伴走型支援を行っています。「まごマネージャー」はまるでまごのように温かく気楽に高齢者と日常を共にする地域福祉に興味のある若者です。

ソンリッサ誕生秘話

祖父母と過ごした原体験

私は子どもの頃に寛容に育ててくれた祖父母のことが大好きでした。両親に叱られたときはいつも祖父母の家で話を聞いてもらい、一緒にご飯を食べることで癒されていました。

私が中学生の頃、会社を経営していた祖父が急逝しました。祖母は祖父を全面的に支えていたのですが、生活の張り合いがなくなり心にぽっかりと穴が空いたようでした。祖母はもともと内向的な性格であったために地域社会とのつながりがあまりなく、一日中誰とも話をせずにいつも一人で寂しそうにテレビを見て、ずっと家にいることが多くなりました。

祖母が寂しそうにしていたのは、大切な祖父を亡くしただけでなく、地域社会のつながりの薄さの問題も大きいと気づきました。それから私は祖母とよく話をするように心がけ、何かいいことがあった時は必ず報告をしたり、祖母が好きな本を届けたり、電子フォトアルバムをつくったりしました。

それから祖母が元気になりそうなサービスを調べましたが、既存の行政や民間サービスでは祖母の人生に寄り添い、地域社会とつながる中で役割や生きがいを見つけることができるものがないことにひどく落胆しました。

その頃、マスメディアでは「無縁社会」「孤独死」「独居老人問題」などが頻繁に報道され、祖母のような孤独を抱える高齢者が日本中にたくさんいるという状況を知り、自分の人生をかけて解決したいと考えたのです。

群馬県甘楽町に移住
そこで見た地域のつながりの希薄さ

高校卒業後、東京の専門学校でビジネスや経営を学びながら、高齢者の孤立を解決するビジネスプランをつくっていました。これで解決できると手応えを感じたビジネスプランを福祉に携わる従兄弟に自信満々に披露しました。

ところが、従兄弟の反応はとても厳しいものでした。

「涼平がおばあちゃんへの想いから立ち上げようとしていることはすばらしいし応援したいけど、他の高齢者の意見も聞いてみたの？　本当に困っている人の声をたくさん聞いて、そこからサービスをつくらないと自己満足なだけのサービスになっちゃうよ。それで本当に涼平のやりたいことは実現できるの?」

その言葉を聞いて、もっと現場の声を集めなければと思い、21歳の頃に「地域おこし協力隊」の制度を活用して、高齢化率の高い田舎町である群馬県甘楽町に移住しました。

そこで地域の高齢者のまごになった気持ちで、地域の集まりやグランドゴルフ、ボランティアグループに参加したり、高齢者宅にもおうかがいして、半年間で500人以上の高齢者の本音を聞いてまわりました。

さまざまな高齢者の孤立・孤独の原因と構造について知る

たくさんの地域の高齢者から「近所付き合いがない」「いつも一人で食事をしている」「頼れる人がいない」「参加したい場所がない」という話を聞き、〝本当はつながりたいけれどつながれない〟高齢者が多くいることを痛感しました。

ある日、グランドゴルフに参加すると、ある高齢者が「ここに来れなくなると、家にこもりっきりになって、弱っちゃうんだよ」と言っていたのが印象に残りました。裏を返すと、在宅でさまざまな理由によって外出できずに、孤立・孤独に陥っている方がたくさんいるということが想像できました。

このように高齢者が孤立・孤独になってしまう原因には、加齢による本人の衰えと大きなライフイベント（配偶者の死、役割の喪失、免許の返納、居場所の閉鎖、地域の人間関係の悪化）などが複雑に絡み合っています。これを自己責任と片づけてしまわずに、地域社会で支えなければと強く思いました。

一方で高齢者には、本音と建前があることもわかってきました。表向きは「自分のことは心配しなくても大丈夫！」「子どもやまごたちの生活を優先してほしい！」と言いますが、本音は「誰かに頼りたいのだけれど、周囲に迷惑をかけたくない」とか、「誰にも求められずにやることがなくて寂しい」などと思っていることが多く、我慢して耐え忍んでいることが当たり前になって孤立してしまっているのです。また、高齢者自身は孤立・孤独状態だと認識していないために声をあげないことも多く、これがまわりからの無関心にもつながっています。

孤立することで生じる一番の課題は「意欲の低下」とそれによる「孤立・孤独の増大」

孤立することで生じる一番の課題は「意欲の低下」とそれによる「孤立・孤独の増大」だと考えています。やりがいをもって社会に参加する意欲がだんだんと低下し、日中こもりがちになり、ひとりぼっちで生活していくとさらに意欲が低下する、という負のスパイラルに陥ります。その状態になると、①行動すること自体が減少し⇓②役割・居場所のつながりが減少し⇓③孤立・孤独の増大につながっていきます（図参照）。この課題解決につなげようと高齢者の地域参加を促すサービスを展開していきました。

■利用者の満足は感じたものの、サービス運営の難しさを実感

まず行ったこととして、シニア向けスマホサロンで交流の場をつくりました。その中で関係が深くなったアクティブな高齢者と孤独な高齢者を共通の趣味や価値観などでマッチングしてビデオ通話で会話するサービス「ＥＭＯＴＯＭＯ」を開始しました。

コロナ禍前の当時、日本で使っている人がほとんどいなかったＺｏｏｍを活用して円滑にビデオ通話できる高齢者同士の新たなつながりをつくりました。

「ＥＭＯＴＯＭＯ」の実証実験では喜んでくださる方がたくさんいて、大きな満足感を得るとともに、多くの事業プランコンテストで受賞しました。

ただその中でも、事業運営を通じて収益を得て、継続的な仕

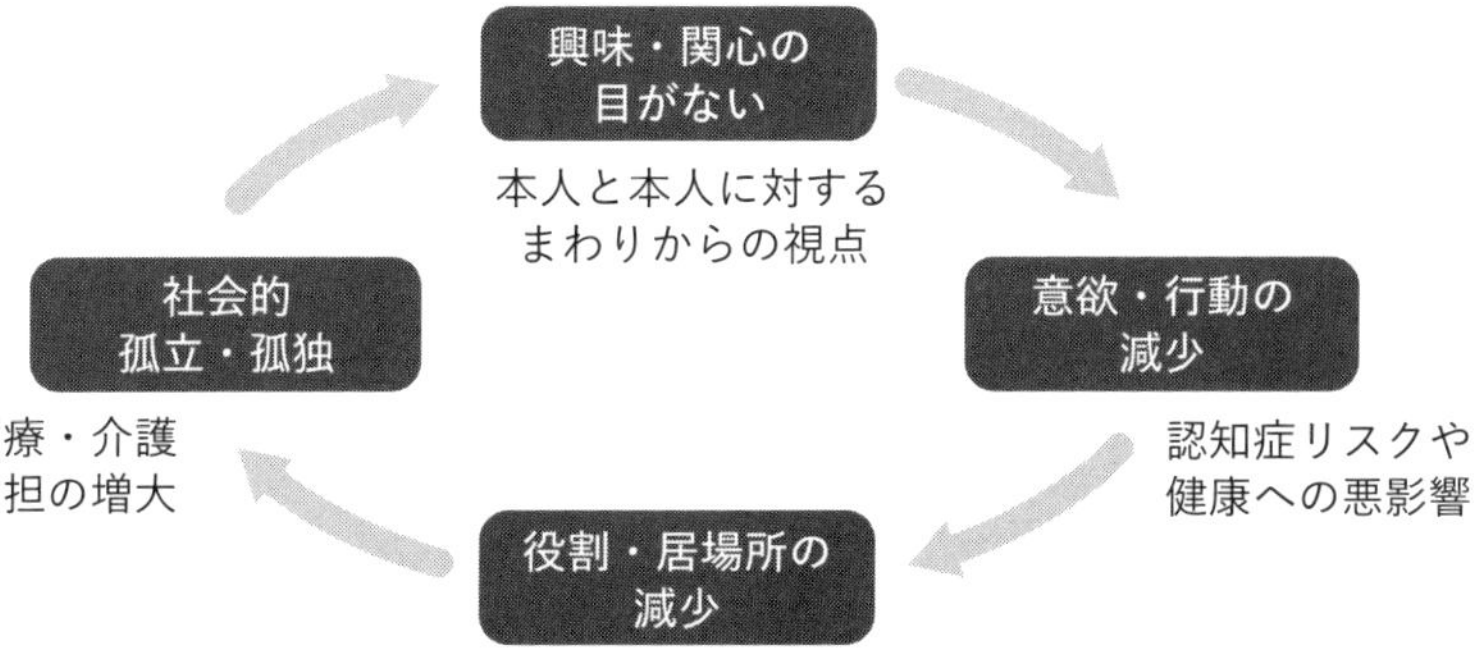

図）孤立がもたらす負のスパイラル

組みとすることができなかったことで実力不足を痛感し、「このままでいいのだろうか?」と悩む日々が続きました。

NPO法人ソンリッサとして本格的に再始動

その後、ソーシャルスタートアップの企業や子どもの貧困に類する社会課題の解決を目指すNPO法人で修行したのち、2020年4月からソンリッサ一本での本業活動を再開しました。フルで再開した1年目は、私だけが常勤で他の20人は全員ボランティアでした。ちなみに、常勤といいつつ給与は出ておらず、事業に必要なお金は貯金を切り崩したり、少しの助成金を充てていました。とにかく少しでも軌道に乗せようと、常に事業のことを考えて年間360日くらいは朝から夜中までひたすら働いていました。そんな中で、理解してもらうことがなかなか難しく、孤独を感じて心が折れそうになることもありました。

それでも継続できたのは、常に「何のために事業をしているのか」と自問し、祖父母との原体験を通じて決心した初心を持ち続けていたことと、たくさんの人の助けがあったからです。今のソンリッサがあるのも、縁があって出会えた人たちのおかげです。

最近は、地元で少しずつソンリッサの知名度も上がってきており、多くのステークホルダーと共に事業ができています。しかし、それができたのは、自分だけの力ではなく、多くの方との出会いの中からさまざまな機会をいただけたからです。その土台の上にソンリッサは立っています。

新たな事業展開

高齢者の孤立・孤独が進む原因の一つに他者や地域からの興味・関心が向かなくなることで、自分自身の存在意義を感じづらくなり、それから「意欲・行動が減少」し「役割・居場所の減少」そして孤立・孤独につながると述べました。

この状況に対して、ソンリッサは【興味・関心の目がない】部分に焦点をあてることを大切にしています。そして、【高齢者が誰かとのコミュニケーションの中から、自分の楽しみや生きがい、想いをくみ取られて自然に地域社会とつながるようにする】ことが【意欲・行動の増加】→【役割・居場所の増加】→【優しいつながりがあふれる社会】につながるはずだと考えています。

そのキープレーヤーとして位置づけるのが「まごマネージャー」であり、「まごパートナー」です。「まごマネージャー」とは地域福祉に興味をもち、プロジェクトを自分起点で起こす若者を指し、「まごパートナー」は地域福祉に興味をもち、ソンリッサが関わるサロンや居場所事業、各種プロジェクトに関わりをもつ若者を指します。

高齢者がまごのように慕い、若者にとっては〝新たな居場所〟に

ソンリッサに関わる地域社会に貢献したい若者の特徴として「地域の課題や現状に違和感を覚えている」「地域活動や多世代交流に関わりたい」「地域で何かを始めたいけれど、具体的にどうすればいいかわからない」というものがあります。これは、〝モチベーションもポテンシャルもあるけれど、地域福祉との接点をもてていない〟ということです。

一方で、地域社会とのつながりのない高齢者は「話し相手がいない」「生きがいがない」「人に頼れず一人で問題を抱える」という状況があります。これは、〝他者や地域からの興味・関心の目が向かず孤立する〟ということです。

ソンリッサでは地域福祉に興味のある若者を「まごマネージャー」に育成して活躍をサポートすることによって、分断されている二者をつないでいます。

その結果、若者は地域や他者に興味・関心をもつことで地域社会に入り、高齢者は生きがいや社会的役割をもつことで地域社会とつながります。この状態はソンリッサのビジョンである「ひとりで抱えずに優しいつながりがあふれる社会」につながると考えながら事業をしています。

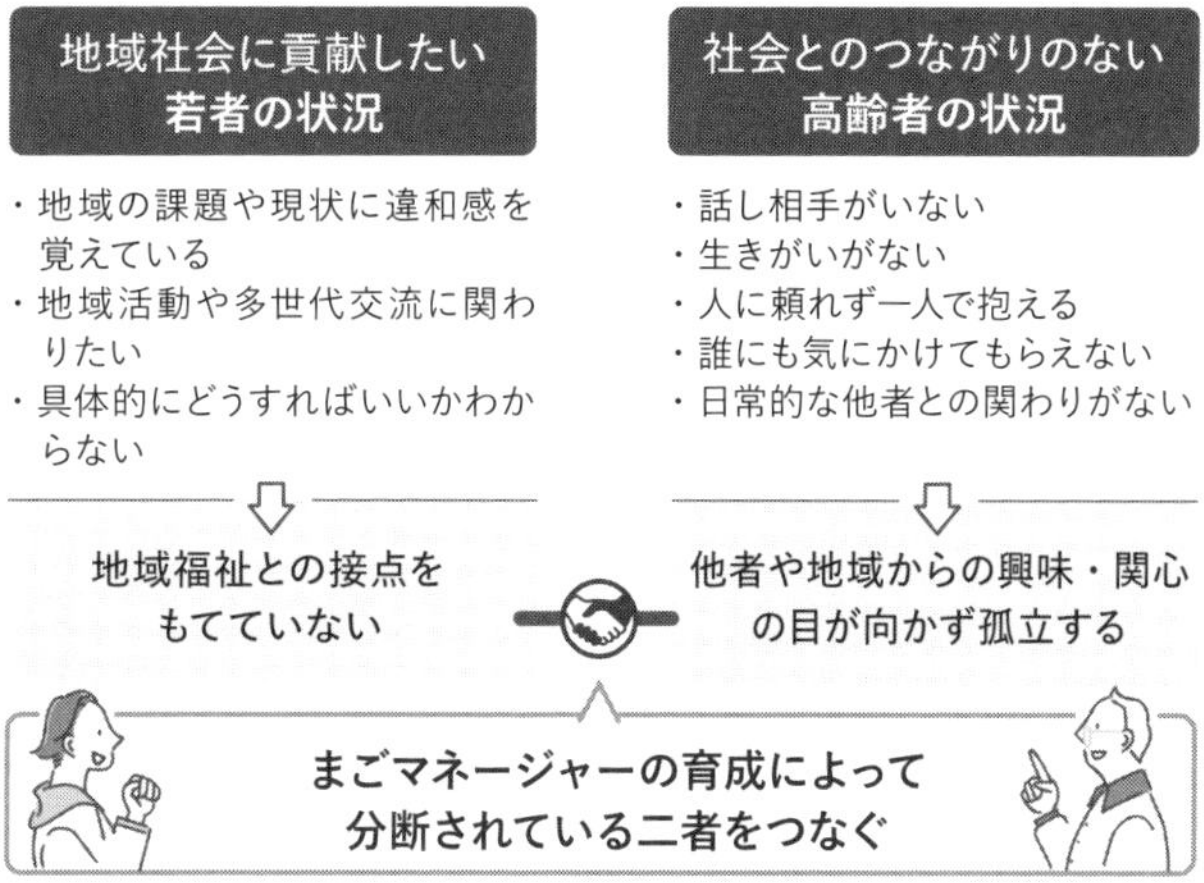
地域社会に貢献したい若者の状況
・地域の課題や現状に違和感を覚えている
・地域活動や多世代交流に関わりたい
・具体的にどうすればいいかわからない
地域福祉との接点をもてていない
社会とのつながりのない高齢者の状況
・話し相手がいない
・生きがいがない
・人に頼れず一人で抱える
・誰にも気にかけてもらえない
・日常的な他者との関わりがない
他者や地域からの興味・関心の目が向かず孤立する
まごマネージャーの育成によって分断されている二者をつなぐ

概念図

まごのような自然な日常生活の関わり
若者にとっての居場所ができる
他者や地域への貢献心
生きがい・社会的役割
地域社会
地域貢献したい若者
孤立する高齢者
ひとりで抱えずに優しいつながりがあふれる社会
若者との交流により笑顔におせっかいをかける／相談にのる
まごのような存在ができる

高齢者に優しい持続可能な地域運営の実現を目指す4つの事業

①地域の担い手となる「まごマネージャー」人材の育成

持続可能な地域社会とするための課題解決の基盤づくりとして、若い人材の巻き込みが重要です。ソンリッサが地域社会と若者を結ぶハブとなり、長期的に貢献できる人材を育成して、地域づくりへの参加を促しています。そのために「認定まごマネージャー育成プログラム」では早期に地域社会とつながりをもつ経験を積むことによって、他者や地域への貢献心を育み、地域福祉に貢献することを目的にしています。

②持続的な地域づくりを行うための自治会サポートおよびモデル事例の構築事業

高齢者の孤立・孤独の課題にアプローチする際に、それを支える自治会や関係機関と協働して参画し、高齢者の孤立支援だけでなく、必要な自治会のサポート役として関わっています。自治会と連携した御用聞き訪問サポート事業やＩＣＴサポート事業などを実施しています。

③高齢者を対象としたサービスの展開

ⓐ高齢者見守り・コーディネートサービス〝Ｔａｙｏｒｙ（タヨリー）〟

高齢者の生きがいや想いを叶えるためや、孤立防止や地域とのつながりを醸成するために、既存の制度ではできないサポートによって社会との接点や社会的役割に自然とつながることを目指しています。

ⓑ地域健康サロン〝コネクト〟

高齢者の趣味や嗜好に合わせたサロンを開催し、地域のつながりを促進し、社会的孤立を予防するサロンを開いています。

ⓒ居場所・相談支援事業〝プレイス〟

高齢者が気軽に訪れてつながりを感じたり、困りごとを相談できる場が少ないため、地域の中にふらっと立ち寄れる居場所事業を実施しています。

次にこれらの事業をもう少し詳しくご紹介していきます。

若者が主人公の「認定まごマネージャー育成プログラム」

「認定まごマネージャー育成プログラム」は、群馬県の行政機関と協力して実施しています。事業のきっかけは、私たちが活動していく先々で寄せられた、多くの若者からの「自分たちもソンリッサと一緒に取り組みたい」という声に応えてきたことです。

彼らは地域福祉に興味をもち、何かアクションを起こしたいと考えていました。「地域で何かを始めたいけれど、具体的にどうすればいいかわからない」「地域における課題や現状に違和感を覚えている」「地域活動や多世代交流に積極的に関わりたい」といったものです。私たちはこれらの想いに耳を傾け、それに応える形でプロジェクトを立ち上げました。

たとえば、作業療法士として活動していた若者は珈琲を通じて地域コミュニティを結びたいと考え、カフェでの修行を経て高齢者向けの「珈琲の淹れ方講座」のサロンを定期開催しました。

また、高齢者のライフヒストリーを聞いて、〝自分史〟としてまとめるプロジェクトを始める若者もいました。

さらに、看護師として活動していたある若者は、高齢者の人生最期の望みを考える機会を提供することを目指し、「人生100年これからゲーム」というカードゲームを通じて、自分の人生の選択や大切にしたいことを若者と楽しみながら考えるプロジェクトを始めました。

その他にも高齢者向けの「健康体操」「男性料理教室」「文通」「地域マルシェ」など、若者たちの個性や関心からさまざまなプロジェクトが生まれ、地域に新たなつながりやコミュニティが誕生しました。

プログラム内容

これまでの経験とノウハウを活かし、有識者のサポートを受けながら、「まごマネージャー」という資格を提供する研修プログラムを構築しました。

この研修は約6ヶ月にわたる実践的なプログラムで、座学や実務体験、活動計画の策定などを通じて「まごマネージャー」としての能力を養っていくものです。参加者は研修を通じて自らの想いを深掘りし、自分のやりたいことの延長線上に地域福祉をつなげ行動に移すことができるようになります。そうして群馬県内のさまざまな地域で活躍していくことで、高齢者や多世代とのつながりを促進するためのリーダーやサポーターとなることを目指しています。

研修方針は、参加者が①「自分を知る」、②「地域を知る」、③「現場を知る」。そして、④「実践する」4つのステップを繰り返すことです。

①自分を知る：自分の想いや課題・違和感を周囲と共有し、地域社会に対してどのような価値を提供していくかを言語化します。

②地域を知る：地域課題や制度を知り、さまざまなステークホルダーとの対話を通して地域への理解を深めます。

③現場を知る：現場での高齢者との関わりを通して、本音や現状についての背景をくみ取ります。

④実践をする：自分の想いをぶらさずに仲間と共に計画を立てて実践します。

また、「まごマネージャー」に求められる9つの要素を明確にし、参加者の成長を支援しています。以下は、これまでの具体的なプロジェクトや活動の一部です。

・「やりたいこと」で地域をつなぐプロジェクト
・こども食堂を通じた若者のキャリア教育
・彩のある生活を実現するコレクティブハウスプロジェクト

認定まごマネージャー研修

研修後の発表

・地域における高齢者と若者の関わりの可能性に関する研究プロジェクト
・最強の暇つぶし場所の創出プロジェクト
・レクリエーションを通じた地域の交流促進プロジェクト
・多世代のつながりを促進する地域づくりプロジェクト

これらはいずれも地域に新たなエネルギーをもたらし、さまざまな世代が交流する場を提供しています。

持続的な地域づくりを行うための自治会サポートおよびモデル事例の構築

みなさんは自治会に入っていますか？　地方での自治会は地域福祉の要となる組織ですが、若者はほとんど関わりをもっていません。ソンリッサで高齢者と対話する中で、自治会も高齢化し、地域を支える役割を担うことが難しくなっていることがわかりました。今後ますます深刻さが増していくことでしょう。

若者と地域（高齢者）をつなぐ役割を担ってきたソンリッサだからこそ、自治会と協働することで地域全体を支えられるのではないかと考え、スタートした事業です。

前橋市では自治会の加入率は80%を超えています。地域の高齢者に働きかけるためには自治会単位での取り組みが有効なのですが、組織員の高齢化や若年層の自治会離れなどが原因で、近年はその機能の維持・継続が困難となっています。そんな中で私自身も多くの自治会長や関係者とお話をしつつ、持続可能な地域にするための活動に携わっています。

・NPOとして自治会への伴走型支援を実施
・アドバイザー兼若者の担い手による実行サポート
・自治会での会議へ参加し、協働内容の決定をソンリッサ事務局が対応
・高齢者の孤立や孤独の解決とつながりづくりに必要な事業やイベントを実施
・高齢者の実態についての調査研究や活動の実績を白書としてまと

自治会の機能不全に伴う問題

- 自治会構成員の高齢化
- 高齢者の孤立・孤独、独居高齢者へのサポート不足
- 孤立している方は自分が孤立状態だと認識していない
- 婦人会や老人会なども解散していくため、情報共有ができなくなる
- 地域住民に声かけをする機能の低下
- 孤立死の発生増加
- 認知症に伴う課題の増加
- 高齢者虐待や消費者被害の増加

⇩

自治会の再構築を含めた「自治会のあり方」の検討が必要

めて展開予定
・群馬県や前橋市における、地域福祉に関する政策の提言

■ **新しい自治会：「地域自治2・0」への移行**

自治会の目指す姿を仮に「地域自治２・０」と定義して、必要な要素や実現方法について関係者と話をしています。それによって新たに実現できることは図の通りです。

今後、ソンリッサは、若者がチームとなって自治会に関わる地域実践プログラムを実施し、地域福祉への参加と自治会の課題解決から地域を持続可能にする事例をつくっていきたいと考えています。それを他の自治会に横展開していくことも計画しています。

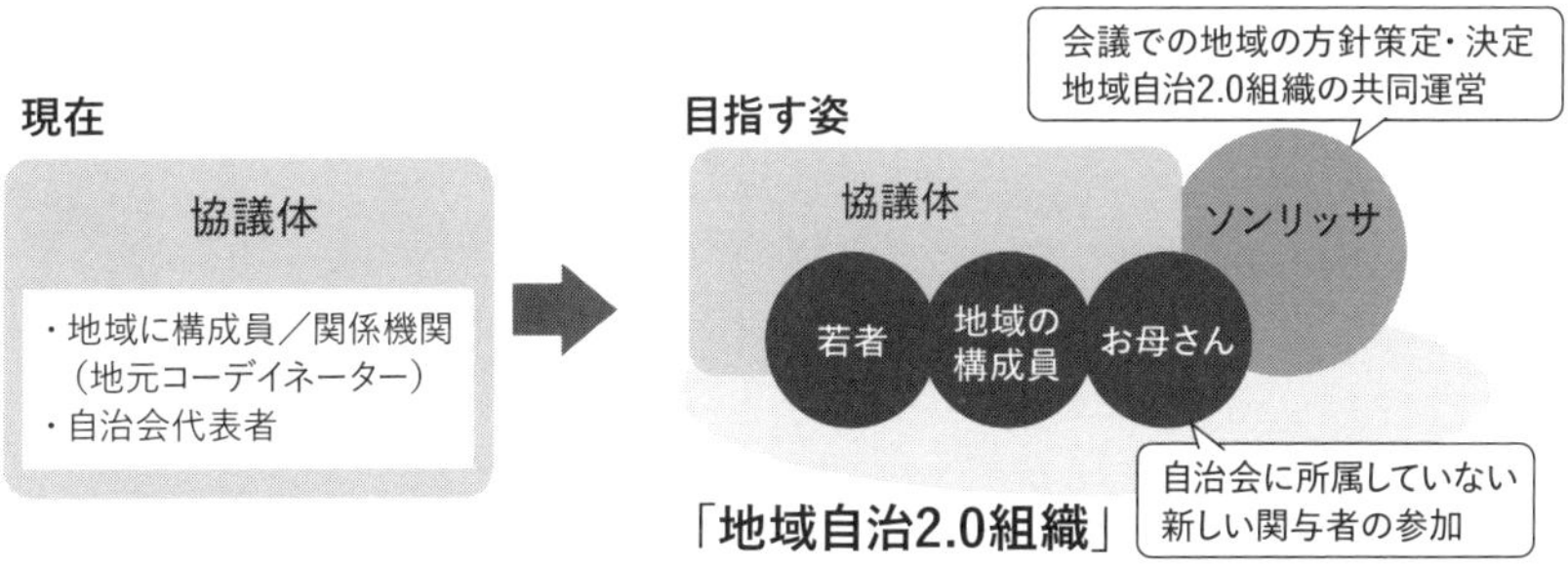

「地域自治 2.0」によって実現できること

- 地域住民が自分の地域を自治していく意識を育てることができる。（持続可能な地域自治）
- 多世代で多様なバックグラウンドをもった構成員が運営に関わり、持続可能な形で自治会を支える。
- 多様な事業や取り組みが誰かに依存することなく、無理のない仕組みによって運営される。

→ **構成員が多様化することで、組み合わせた見守りが可能なる**
1）ゆるやかな見守り　2）構成員の活動自主事業
3）訪問・生活支援　4）ICTのセンサーなどの利用

その後どのように波及させていくかについて、複数のシナリオを想定しつつ関係者と話しながら進めています。その中で特に重点的なのが、地域福祉の参加障壁についてや、若者が地域に参加しやすくするための工夫、自治会の課題や協働案などをまとめた白書を作成することです。

調査研究・要因分析・今後の方針・提案を示すと同時に、興味のある人が自ら地域のニーズに応じて、独自展開できるように、当法人が携わってきたノウハウを自治会サポートガイドラインとして無償公開していくことを考えています。

このような白書やガイドライン公開の取り組みを自治体の福祉計画へ反映したり、国の掲げる事業の事例などに取り上げられたとしたら、更なる拡がりが期待できると考えています。

高齢者を対象としたサービスの展開

ⓐ 高齢者の孤立・孤独を笑顔に変える見守り・コーディネートサービス〝Ｔａｙｏｒｙ〟

Ｔａｙｏｒｙは、地域における独居高齢者の社会とのつながりを促進し、社会的孤立を解消するサービスです。自宅にこもりがちになることで他者への興味・関心を感じなくなり、意欲の低下から社会とのつながりを失ってしまうという課題から生まれました。

Tayoryのサービス内容

① 定期的に訪問
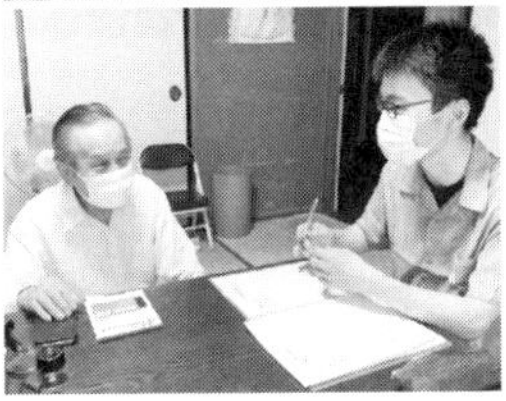
個々人の想いや背景をくみ取る

② 興味関心チェック

意欲・行動の増加

③ 生きがいと社会の接点

役割・居場所につなげる

目　的

- 自宅に引きこもりがちになり、他者からの興味･関心の目がなくなることで、高齢者にとっては社会との接点の減少や意欲低下につながりやすい。
- これらの悪循環を断ち切り、高齢者の孤立を解消するために高齢者一人ひとりに寄り添った支援を提供する。

事業概要・特徴

- 一人ひとりに寄り添った訪問型見守りサービス。
- 若いスタッフとのコミュニケーションを通して日々の生きがいや地域での役割、居場所づくりにつなげる。
- 今後は御用聞きのサービス拡充により、個人ごとにカスタマイズされた支援の提供を目指す。

実　績

- 2021年以降、累計400回以上の訪問実績。
- 利用者の声から、発話量の増加、社会との接点数の増、意欲の向上が確認されている。

散歩

自分史作成のサポート

スマホサポート

生きがいや想いを叶えるため、既存の公的制度ではできないサポートを通して、孤立・孤独を解消

特長としては、医療・福祉の専門家が定期的に関わり、利用者の興味や関心を尊重し、地域コミュニティへのつなぎ役となることです。

内容は主に医療／福祉の有資格者で構成される、独自の研修を受けた孫世代のスタッフが、コミュニケーションを通して高齢者の想いをくみ取り、それぞれの想いに沿った健康サロンやボランティアなどのサービスにつなげることによって、社会的孤立を解消しています。楽しいコミュニケーションをモットーとして、役割や生きがいに自然とつながるように関わり、事後に日常の様子をご家族にレポートします。

Ｔａｙｏｒｙで実現したいことは、要支援前や要支援の高齢者の想いを大切にして生きがいや役割につなげ、その人にとっての「支え」や地域社会との「つながり」から幸せを感じてもらうことです。

最終的にはＴａｙｏｒｙを通して、引きこもりがちで支えられる側と認識されていた高齢者が地域社会を担う存在となり、地域コミュニティにつながるような仕組みを目指しています。

Ｔａｙｏｒｙを3年以上利用している鈴木さん（仮名）の事例です。

鈴木さんはカラオケが大好きで、町内のカラオケサロンやご友人とのカラオケを楽しんでいましたが、新型コロナウイルスの流行で軒並み中止になり、地域やご友人との関係が途絶えてしまいました。塞ぎ込んで閉じこもりがちになった鈴木さんを心配したご家族からの依頼を受けてＴａｙｏｒｙが始まりました。

はじめのうちは外に出ることに乗り気でなかった鈴木さんでしたが、「ソンリッサ主催の体操教室に人が集まらないかもしれないから参加してほしい」とお願いすると、快く参加してくださいました。その上、自治会のお知り合いにもご紹介してくださったことで、体操教室は満席になりました。

鈴木さんはお知り合いに「この方は歌がとってもうまいのよ」と言われて、はにかんでいました。

その後、Ｔａｙｏｒｙの訪問時に健康チェックや自宅でできる体操や近隣への散歩を一緒にすることで、コロナ禍が収束した現在は再びカラオケサロンに通うことができています。

このようにＴａｙｏｒｙでは、「支援する／支援される」だけの関係ではなく、お互いに助け合える体験ができる関係づくりを心がけています。鈴木さんのご家族からは「Ｔａｙｏｒｙのおかげで〝認知症の徴候がないか〟とか、〝詐欺にあっていないか〟など心配なことを定期的に確認してもらえて安心する」と言っていただきました。

ⓑ ふれあいの場づくり地域健康サロン〝コネクト〟

高齢者の方の趣味や嗜好に合ったサロンが少ない課題がありました。そのため、趣味や嗜好に合わせたサロンを通じて地域のつながりを促進し、社会的孤立を予防・解消することが目的で始め、前橋市内の４つのエリアにて毎月継続的に開催しています。

取り組み方は自治体や自治会、企業、社会福祉協議会などと協働し、１回あたり5～30名が参加します。１年間に１００回、１５００名以上の参加があります。

サロンの内容は地域や参加者の特性によって異なり、地域関係者の協力でプログラムを作成しています。具体的には、「スマホ基礎・応用講座」「ＬＩＮＥの使い方講座」「姿勢改善トレーニング」「料理教室」「自分史作成講座」「ヨガ講座」などです。

Ⓒ 居場所・相談支援事業 〝プレイス〟

高齢化率の高い地域の前橋市大利根団地において実施しています。気軽に来て困りごとを相談できる場が少ないという課題を受けて、毎週水曜日の午前中に年約50回実施しています。参加者数は１回あたり３～８名で、１年間に約３５０名が参加します。その効果は茶話会などのイベントを通じて自然な会話が生まれ、参加者同士のつながりが生まれています。具体的には「ドリップコーヒーの

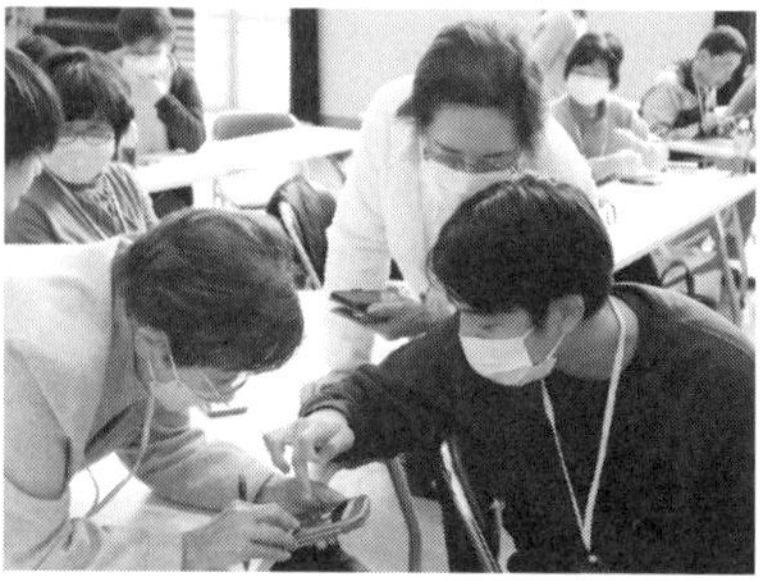

地域健康サロン「スマホ講座」

居場所「染めもの体験」

淹れ方講座」や「染めもの体験講座」「人生100年これからゲームを体験しよう」「スマホ相談カフェ」などです。

事業に関わる若者に伝えていること

私はソンリッサに関わる若者に、「うれしかった」「悲しかった」「悔しかった」「心が温かくなった」などの感情を押し殺さず素直に認めて表現することが大切だと伝えています。

現代の若者のまわりには社会での正しさや常識、こうあるべきといった情報があふれ、大人からもいろいろと言われ続けると、気づかないうちにその価値観の中でもがき苦しみます。その結果、本来自分が何に興味があってやりたいことなのかや、そもそも自分というものがわからなくなります。

地域の高齢者とサロンで話して感じたことを大切にしていくと、「人と話すのが楽しいと思った」「人の役に立ててうれしかった」「人に教えるのは苦手で裏方のサポートが好きだ」といった気づきがあり、それが自分を知るきっかけや想いにつながります。その先にやりたい仕事の選択や人との関わりを重ねていくことで自分らしい人生につながると思います。多くの機会や経験を糧にしながら、自分の可能性を信じて一歩ずつ進んでほしいと考えています。

ソンリッサの展望

今後は若者の地域参加への仕組みと地域の自治会圏域での新たな自治会サポートのモデルケースをつくり、調査・分析からガイドラインを作成して無償公開するとともに、政策に反映させるなど社会的なインパクトの拡大も目指しつつ、「ひとりで抱えずに優しいつながりがあふれる社会」の実現を目指していきます。

その実現のために事業運営と組織のあり方について次のように考えています。

事業運営

1. 若者の地域福祉への参加を促す育成プログラムの作成および仕組み化を実現する
2. 自治会の運営に関わり、新たな「地域自治2・0」のモデルケース化を意識する
3. 高齢者向けサービスの充実により、多くの孤立高齢者の地域社会への参加につなげて笑顔にする
4. 1~3の実施前後の変化をまとめて白書にし、県全体に波及する取り組みやガイドラインの無償公開および政策提言につなげる

特に1、2に関しては、若者にとっての学びや成長・気づきのポイントを把握し、地域に入るきっ

かけを探究しつつ地域福祉人材の長期的な育成を目指します。具体的には、「まごマネージャー地域実践プログラム」によって自治会サポートに関わりながら地域福祉に関わる若い人材の発掘・育成をします。

そして、地域の社会資源であるＮＰＯと自治会との連携を通じて、若者が高齢者の見守りや地域活動を支援し、地域とのつながりを再構築しようとしています。

さらに、持続的な運営や発展に向けた方法や仮説を検証しながら、地域のハブとしての機能を確立し、つながりを広げていきます。

組織のあり方

重層的に考えられるような理事やアドバイザーの人員構成をしつつ、高齢者の孤立状態の改善や社会参加のエピソードを記録しながら事業を推進できるような組織体制を構築していきます。まずは群馬県内では高齢者がどのように孤立しているのか実態調査をし、広く住民が参加することで生まれるつながりを持続できるような仕組みにします。何よりも組織が掲げたビジョン、ミッション、フィロソフィーに沿って理事やメンバーが自分事として課題を捉え、日々の現場で意思決定ができるフラットで多様な価値観を尊重しあえる組織を目指しています。

これからはじめる方へのメッセージ

これから何か事を始めようとしている人に私が意識していることをお伝えします。とは言え、私自身も試行錯誤の只中で悩み、失敗を繰り返しながら、多くの周囲の人の助けを借りて、どうにか事業を運営しているのです。だから、みんなで一緒に学び合って成長したいと思っています。

1　自分の志を明確にする

これから始めるみなさんにとっては、はじめての事も多く、不安になったり心が折れそうなこともあるでしょう。目標が大きいほど、実現までには時間がかかるので、とにかく継続することが大切です。一番大切なことは、「自分はこのためにやっているのだ」という志を忘れずに常に持ち続けることです。

自分が本当に実現したい志さえ明確にできれば、スキルや経験は後からでも身につきます。苦境に立った時に、もうちょっと頑張ってみようと思えるかどうかは、自分の志を思い出せるかどうかにかかっています。

そのために、自分がどんな社会やどんな状態を目指すのかを考えると同時に、その中でも大切にしたい価値観についても明確にしましょう。私自身も常に問い直し、原点に立ち返りながら日々向き合っています。

プロジェクトを実施する上では自分一人では駄目で、仲間や協力者が必要になってきます。その際に大切なことも「志」です。自分たちが目指す方向性を伝えて、仲間や協力してほしい人との共通点を見つけつつ共に活動していきましょう。

あと、なんでも「とにかくまずやってみる」ことです。やりながら、自分の想いを人に伝えていきます。要所で選択に迷うこともあると思います。プロジェクトへの近道や正解はなく、往々にして答えのない問いを持ち続けることだと思っています。

普段の習慣として意識的に内省の時間をとり、自分のありたい姿や目指す状態の解像度を上げていくことも大切です。後悔せずに何かを決めるときは、最後は自分の良心に従いましょう。

2　自分の得意・不得意を認識し、苦手な時は人に相談する

これはある部分においてはあきらめることにも近いと

思います。あきらめると同時に現実を素直に受け止めて認めることです。言い換えれば、自分の苦手なことや弱い部分を認めて曝け出すことでもあります。弱さを曝け出すことに躊躇するでしょうが、少しずつチャレンジしていきましょう。

私は、自分の弱さを認めることは強さだと思っています。弱さと強さは対極の関係でなく、自分の弱さを認めて受け入れた先に強さが生まれるのです。

また、弱さを認めることで自分にも他人にも優しくできます。自分が弱いからこそ、他者の弱さや脆さも理解できる。同じ弱い人間として、人に頼って、助けてもらう。そして困っている人がいたら寄り添って優しく関わる。自分の信じていることや感じていることに対して誠実に対処していくこと。そして自分たちの一歩が少しずつよい影響を与えていくと信じていくことが大切だと思います。

最後に、私もまだまだ挑戦中です。たくさんの失敗をして、そのたびに少しずつ学んでいます。そして多くの人に助けてもらいながら一歩一歩進んでいます。「もうダメなんじゃないか」と思うことがたくさんありましたが、それでもなんとかなってきました。

つらい時や苦しい時、もう限界だと感じた時、それでも自分が大切にしている想いを忘れずに誠実に積み重ねていると誰かが助けてくれます。本当に不思議に思います。

だからこそ、驕《おご》らず謙虚に一歩一歩、感謝をしながら進み続けられるように日々精進していきたいと思います。この本を読んでくださったみなさんといつか地域福祉についてお話ができるのを楽しみにしています。群馬にも遊びにきてもらえるとうれしいです。

読んでいただいたみなさんに感謝しています。本当にありがとうございました。

Part 1

4 多世代でつなぐ複合型「ふくし拠点」

株式会社
暮らり 代表取締役
橋本康太
Kota Hashimoto

広島県三原市

設立日：2022年5月
事　業：デイサービス、フリースペース
デザインオフィス
URL：https://kurari.jp
SNS：

広島県三原市で、築120年の古民家（旧坂田内科医院）をリノベーションした複合型「ふくし拠点」は、他とは違い企業運営で行っている。人の環境（ヒト・モノ・コト）をかけ合わせることで、よりよい暮らしを歩むことができると信じ活動している。

暮らり誕生秘話

想いとタイミング

暮らりの事業を始めることになったきっかけは大きく分けて三つあります。

一つ目は父親の会社承継についてです。

僕の父親は、水道の会社を約30年にわたり、地域密着で経営していました。その父親も65歳を過ぎたあたりで体力の問題もあり、現場仕事を長く続けることはできないだろうと話をしていたときです。僕は一つ疑問に思ったことがありました。他の個人水道事業者の多くはこの30年間で廃業をしたそうなんですが、なぜ父親の会社は30年間も継続することができたのだろうか？と、それを確かめるため、仕事の休みを使いながら数回、父親の仕事の現場に手伝わせてもらいに同行しました。

大きな発見だったのは、水道の仕事でありながら水道の仕事だけをしているわけではなかったことです。水回りのトラブルをきっかけに問い合わせをもらうのですが、お客さんが困っているのは水回りだけではありません。人によっては屋根の故障もありました。御用聞き的に屋根の補修までも仕事として行っていたのです。水道事業を行ってはいるが、本質的にはお客さんの困っていることを解決している福祉事業者にも思えました。

お客さんとの向き合い方を見ていて、30年間も続いた会社の器をなくすのはもったいないのではないかと思うようになったのが一つ目の理由です。

二つ目は大学院を中退したことです。

僕が特別養護老人ホームに勤務していた頃、自立支援、介護ロボット、生産性向上などのキーワードがたくさん出始めてました。現場で利用者さんと対峙する中で、よりよいテクノロジーと利用者・スタッフの関係性はいかに築いていけばいいのか悩んでいました。

テクノロジーは効率化を図り、利用者やスタッフをよりよくしてくれるもののはずです。しかし、実際にはテクノロジーを導入したとしても、どのタイミングで使えばいいかわからなかったり、テクノロジーを使うために時間を要したりと、本当に利用者やスタッフがよりよくなっているのか、疑問を感じていました。この疑問を解消するために大学院へ進学しました。

大学院進学と同時期に介護系スタートアップ企業にもインターンとして勤め始めました。他介護事業所への現場改善の研修やコンサルティングに関わらせてもらう中で、テクノロジーは現場スタッフを豊かにするための手段にすぎず、介護現場ではテクノロジーの導入以前にやるべきことが多くあることを学びました。

その中で、今すべきことは、枝葉のテクノロジーのあり方を学ぶのではなく、根幹にある利用者さんに向き合う姿勢とスキル、組織の問題に目を向けることだと思い大学院を中退しました。

三つ目はこれまでの現場経験からの課題です。

僕はこれまで、デイケア（通所リハビリテーション）で1年、デイサービスで3年、病院で1年、特別養護老人ホームを2年、介護業界のスタートアップ企業でのインターン経験がありました。

特に65歳～１００歳までの認知症をはじめ、疾患の度合いも人それぞれのデイケア・デイサービスの通所施設での現場経験が長くあります。その中で感じた、生活やこれまでの経験などの背景の異なる高齢者の方すべてが、集団で居心地よく過ごすことは無理がある。けど、もう少し工夫はできないものかと日々思っていました。

たとえば、通所施設では席次表があり、座る場所は固定化されている場合が多いです。しかし、記憶障害があるとどこに座っていたかを覚えておくことはできず、他の利用者さんとトラブルになることもあったり、風船バレーや輪投げなどの集団のレクリエーションでは、身体に障害があったり、レクリエーションのルールが理解できない方には苦しい時間となります。

システムに個を合わせるのではなく、個にシステムを合わせていくような工夫をとることができれば、居心地よく過ごしてもらえる人が増えるのではないかと考えました。

他にもきっかけとなったことはあるのですが、大きく分けて三つの理由で暮らりの事業計画を立てました。

何かしらの事業を始める時、「目的を明確にする」ことをよく求められますよね。けど、僕の場合、暮らり設立のきっかけとなった要因は複数ありました。明確な目的はなかったのですが、さまざまな想いとタイミングの中、自然な流れで暮らりの立ち上げに踏みきったのです。

暮らりのはじめの一歩

勝ち筋がみえる事業から始める

まずはどのような事業で起業をするか考えました。起業を考えていたタイミングで、僕には妻のお腹に子どもがいて、収益が見込めない事業から始める選択肢をとることはできませんでした。

基本的にビジネスの立ち上げで、まずつまずくところが顧客の開拓ではないでしょうか。自分のサービスの売りは何か、どこにアプローチすれば顧客と出会えるのか、どのタイミングで顧客はサービスを購入するのか、という営業やマーケティングの部分に業界経験がないと非常に難しいです。

そこで自分の強みを考えたとき、当時の強みはデイサービスの経験でした。

デイサービスでは、認知症のある利用者さんが他の利用者さんとなじめないことが多くあります。そういった利用者さんに、自分の中でどのようにしたらまわりになじむことができ、交流できるかというアイデアはあったので、それを実践すれば他事業所との違いはつくれると確信していました。また介護保険サービスの業界構造も理解できていたことも大きく、どのような訴求の仕方で、どこに営業に行けばよいかはわかっていたので、デイサービスを最初の事業として選択しました。

いろんな方に、デイサービスをすることを伝えると「なんで？　大丈夫？　あれだけ数が多いのに」とよく言われます。確かにコンビニの数よりも多いデイサービスは、競合もたくさんいると思われるかもしれません。しかし、数だけで勝負が決まる簡単な世界でもありません。数は多いですが抜け落ちているポジションもあるのです。

介護者家族の休息を目的にしたレスパイト型のデイサービスは確かに多いですが、利用者を元気にしていく自立支援に取り組む事業所はじつは多くなかったのです。

介護者家族の休息ももちろん大切ですが、家族の休息の比重がかかりすぎるのもバランスが悪いですよね。利用者さんの状態を維持・改善させることができれば、結局は介護者家族のライフスタイルも大きく変更をしなくてもいいので、結果的に家族全体が安定した生活を送ることにつながります。

家族目線のデイサービスは、利用者さんからしたら〝行かされる〟場所になってしまいます。僕は、本気で利用者さんに向き合う事業所をつくり、〝行ってやってもいいかな〟と思ってもらえる事業所にしていけばなんとかなるだろうと考えていました。

事業の相談をすればするほど、まわりからは「大丈夫か？」と言われるので少し不安はありましたが、物事が意外にもスムーズに進んでいくので、これはタイミングがいいのだろうなと楽観的に考えていたんですね。

すべてが同時進行だった立ち上げ過程

デイサービスの拠点となる、①物件のリサーチ、②デイサービスのマーケット調査、③市役所との事前協議、④金融機関との融資相談をすべて同時進行で進めていきました。

物件のリサーチ

物件は地域の不動産業者や三原市の空き家バンクからリサーチを行い、計5~7軒の内覧を行い、最終的に空き家バンクに掲載されていた古民家を購入することになりました。大家さんが医者をしていたことから、高齢者のために使っていただけるなら本望だということで、立派な建物を快く譲っていただくことができました。

西国街道という通り沿いに位置して、昔は参勤交代の移動に使われたり、商店が立ち並ぶ活気あるエリアでした。現在はほとんどの商店がなくなっていますが、それでもいくつかは残っており、暮らりの向かい側にも老舗の豆腐屋さん、徒歩圏内にはお米屋さんがあり、人の流れは完全に途切れていませんでした。

今なら何かしらのチャレンジがこの町でできるのではないかという想いと、暮らりから東西南北に片道20分、車で移動すれば主要な住宅地をカバーできるという点もデイサービスの拠点として魅力を感じ、この物件に決めました。

▒マーケット調査

デイサービスの数はすでに多く存在し、何も考えず普通のデイサービスを今から設立したとしても事業運営が難しくなってしまいます。

暮らりのエリアから競合となる地域の人口、高齢化率、要介護認定率から推定要介護者数と施設の定員数を算出しました。また今までの経験から、デイサービスや施設に通っているものの行きたくて行っているわけではなく、その場所ではないほうがいいなと思われる利用者は2割程度いました。つまり、三原市において僕たちが事業を行っていくうえで、約400名の要介護者がコアターゲットになる計算でした。

認知症はあるが、身体機能は高く、まだまだやれることはある。けど、まわりの環境によって十分に力を発揮できていない人に対して、何かしらの社会的役割を提示して前向きな人生を送ってもらうこと、デイサービスに「行ってやってもいいかな」と思ってもらえる事業所づくりをしていこうと考えていました。

デイサービスの数は多いけど、真っ当にケアに向き合える事業所をつくることができれば、まだまだ可能性はあると思っています。特に認知症ケアは利用者さんによって生じる行動に違いがあるので、集団レクリエーションや機能訓練プログラムなどの仕組み化されたケアだけでは不十分です。

一日の中で余白を設けることで、認知症のある利用者さんと関わる時間にゆとりが生まれます。制度事業なので、やらなければならないこと、やってはいけないことなど制限はありますが、工夫しだいでは今まで未開拓の領域に価値を届けることはできると感じています。

市役所との事前協議

三原市ではデイサービスの数はたりているという考えから、事業者が自由にデイサービスを設立することができません。そのため市役所とも事前協議が必要でした。

僕が相談に行ったタイミングが、ちょうど「次期介護保険計画」の策定している時期だったので、次期計画ではリハビリに力を入れたいという三原市の意向に対して、僕ならこのようなリハビリの展開をすることができるというプレゼンテーションを行い、事前の許可を得ることに成功しました。

市役所の窓口担当の方もとても前向きに議論してくださり本当に感謝しています。今でも定期的に事業の報告をさせてもらったり、お互いの課題を共有しています。

▒融資相談

銀行の融資では、今までの父親の会社の実績を評価していただき、スムーズに希望金額の地銀と政策金融公庫から融資を受けることができました。

結果的にスムーズに融資の実行に至りましたが、不動産屋の管理下にない古民家を扱ったこともあり、数ヶ月は時間を要しました。

多くの資金を融資してもらうためには、物件を担保に入れる必要があり、担保に入れるには重要事項説明書が必要となります。古民家は壊れているところも多く、重要事項説明書を書いてくれる不動産屋があまりいないのです。そのため、暮らりを担当してもらった設計士さんの知り合いの不動産屋にわざわざ広島市から来ていただき、仲介をしてもらうことになりました。

想定よりも時間がかかってしまったため、融資の決定がおりるまではずっとソワソワしていたのをよく覚えています。

融資の実行となる当日は銀行担当者、不動産屋、司法書士、大家さんとそうそうたる方々がそろい、数千万の小切手にサインと印鑑を押していく作業は内心びくびくし、変な汗をかいておりました。これはもう後には引けないなと覚悟を決めた瞬間でもありますね。

いま振り返ると改めていろいろなタイミングがよかったのだろうと思います。気運がいいときは物事がスムーズに進んでいくものですね。そして今になって思うのが当時作成した事業計画はずさんだったということですね…笑。

暮らりの事業

暮らりとは何か?

暮らりは僕たちが行っている取り組みの総称として使っている言葉であり、「暮らしにリノベーションを」という言葉の造語です。

僕は理学療法士というリハビリの仕事をしてきたので、なじみのある言葉は「リハビリテーション」です。リハビリテーションとは、元の習慣に戻していくという意味合いがあります。元に戻ることが、その人にとってよりよい暮らしになる場合はとても機能する言葉だと思います。しかし、認知症であったり、慢性疾患、進行性疾患などそもそも現代の医療では元に戻ることが難しいとされている症状をもつ方々と対峙するときに、リハビリーテーションという言葉で表現できなくて違和感を抱いていました。時代の変化とともにリハビリテーションだけでは捉えきることが難しくなってきているように感じています。

リノベーションという言葉は、再び革新的な状態にするという意味です。僕は、リノベーションという言葉の意味はまちづくりの分野で学びました。そこで、修理や修繕などによって、形を整えることだけ（リフォーム）がリノベーションではないということを知り、僕が抱いていた違和感はリノベーションという言葉で解決することができそうだと感じました。リノベーションでは今の状態に対して、何かしらの介入をすることで価値を高めていくということでもあります。元に戻すことが選択肢ではありません。たとえ認知症があり元の状態に戻すことが難しかったとしても、介護保険サービスを使ったり、まわりの人たちの関わり方や考え方を変えたりすることで、まだまだよりよい暮らしを実現できる可能性があります。

元に戻すという思考だけでなく、よりよい暮らしはどうすれば実現できるのかと、先入観なく考えることができるようになるなと思い、リノベーションという言葉を使うようにしています。

暮らりには、どのような状態であったとしても、よりよい暮らしを実現していきましょうという願いを込めています。

法人のミッション

暮らり（暮らしにリノベーションを）という考えに対して、法人はどのような活動を行うのかということを定義しています。それが、「舞台（組織・事業）をつくり、ケアを担う」です。僕たちが関わっている（これから関わってくださる）方々に対して、よりよい暮らしが実現できるように舞台を整えて、その舞台に対してケア（配慮や手当て）を行うということです。

このミッションのもと、大きく二つの部門に分けて活動をしています。

それはケア部門と、まち部門です。

その人の暮らしをよくする「ケア部門」

デイサービス「くらすば」

デイサービスは介護保険事業の一つで、利用者さんの家から送迎をして、デイサービスで日中を共に過ごす「通い型」の事業です。デイサービスの利用を通して、身体・認知機能の維持改善を目指したり、普段介護をしている家族の休息や自分の時間の確保をする目的で事業が運営されています。

デイサービスには利用定員数に応じていくつかに分類されますが、「くらすば」は定員18名の地域密着型デイサービスという分類です。

事業所のコンセプトは「一緒に作業をする」。利用者さんとスタッフ、利用者さんと利用者さんなどで、いかにコミュニケーションの量を増やすかに重きを置いています。しかし、いきなり「コミュニケーションをしましょう」と会話することが目的となってしまっては、圧迫感が出たり不自然さが出てしまう可能性がありますよね。そのため、暮らりではさまざまな「作業」を媒介として、作業をしながらコミュニケーションをとる方法をとっています。

対面の関係性では雰囲気が悪くなってしまうと逃げ場がありません。しかし作業を媒介にしておくと、人と人のコミュニケーションでぎこちなさが生じた時でも、作業という逃げ道をつ

くらすばの日常

くり、視線を相手から外すことができます。よりよいコミュニケーションを行うためには、コミュニケーションをとらなくてもよい選択肢をあわせて提示しておくことが大切だと考えています。

一緒に作業をすることでコミュニケーションをとることへのハードルが下がります。コミュニケーションの頻度が高まれば「ここにいてもいいんだ」「この人たちとなら一緒にいられる」と感じてもらえることが増えていき、心理的安全性が育まれます。そうすると、スタッフのいないところで、利用者さん自身の判断でお互いの助け合い（役割の創出）が起こる確率が高まってきます。

ホームケア「くらすば」（訪問介護事業）

２０２４年10月から暮らり隣の空き家を改修して事業を開始します。デイサービスで関わっていた方々の身体機能・認知機能が徐々に低下していくとともに、在宅生活を支えるうえで他社の訪問介護サービスを使われることが増えてきました。

また、訪問介護事業は人材面と資金面の問題で事業を撤退する法人も多く、サービス供給量も少なくなる傾向があります。しかし、人材採用の強化と効率かつ質を担保した経営マネジメントをすれば事業を発展させることができている法人もあります。僕にはまだまだ可能性のある事業に思えたのでチャレンジしてみることにしました。

訪問介護事業を運営することで、デイサービスだけでは出会えなかったであろう、スタッフや利用者さんと関係性をつくっていけるのは今から楽しみです。

まちとのつながりを生み出す「まち部門」

介護保険事業以外の入口をつくる取り組みも行っています。今の時代、核家族化、自動車文化によるまちの郊外化、建築基準の変化、過度なサービス化、コスト（タイム）パフォーマンスの重視など、さまざまな背景が絡み合い、日常に決まった人たち以外とのコミュニケーションが失われつつあると感じています。しかし、暮らしにおいて何かトラブルが生じた時に、トラブルの属性に合わせて、どのような人に相談できるかあらかじめ選択肢をもっておくことが暮らしの粘り強さにつながるのではないかと考え取り組んでいます。

■デザインオフィス機能＆地域デザイン

暮らりの立ち上げ段階から関わってもらっていたデザイナーの3人組ユニット「パンパカンパニ」が2階の運営をしてくださっています。暮らりのロゴ、名刺、ホームページ、広報物などさまざまなデザインも担当してもらいました。クライエントへの向き合い方が非常に福祉的なのが特徴的です。

常にクライエントの先にいる顧客にとって、どのような届け方をすれば想いが伝わるのかを考えてくれます。対象者の心理状況やシチュエーションを考えたうえで、よりよい方法を模索する手法がとても福祉的だと思います。

当初の予定では、2階を居場所機能として自社で運営しようとしていて、2階の一部のスペースをパンパカンパニが事務所として賃貸する予定でした。しかし、デイサービスのことをやりながら2階の構想と実行まで実現するにはマンパワー的にも難しい状況になりました。

そのような話をパンパカンパニとしていく中で、彼女たちも2名から3名体制の組織になるタイミングでもあり、一部のスペースでは狭いという課題もでてきました。そうであれば、2階のすべてをパンパカンパニに委ねることに決定しました。

また、日常のデザインワークではなく、地域の方に対して2階の空間を楽しんでもらえるように「つんどくｃａｆｅ」という取り組みを行っています。暮らり近隣にある大学の学生さんがカフェ営業をスタートさせたことがきっかけとなりました。２０２３年の年末から行っており、家に眠っている積読本をゆったり読んで過ごしてもらうというコンセプトで学生のカフェ営業に合わせて実践しています。

▩ 暮らりの八百屋（2022年5月から12月まで）

暮らりの玄関に3畳ほどのスペースがあります。小さい空間を地域と暮らりの共有地と捉え、コミュニケーションをとっていく実践をしました。地元の農家さんから直接野菜や果物を仕入れて週に1〜2回、地域の方々に販売をしました。オープンした日は、多いときには2万円程度の売上が出たり、40名程度のお客さんに購入してもらえるようになっていました。

八百屋は半年程度しただけですが、介護との関係が薄い人たちも通ってくださり、日常のコミュニケーションの場になっていました。その場で介護の相談が始まったり、デイサービスに行きたくないけど必要と思われる人たちが来てもらえるきっかけになったり、働いてみたいという方々の相談場所になったりと多様な機能をもつことになりました。

八百屋のような出会いのハードルを低くすることで、少しずつ関係性をもち、お互いに存在を認識しあい、いいタイミングで関係性が濃くなっていくような関わりのグラデーションを設計することが大事なのだと気づけました。

とはいえ、八百屋だけの運営で専用の人員を一人配置できるほどの利益を出すことが難しく、デイサービスの運営が忙しくなりつつあるタイミングで取り組みを中止しました。

僕は他者へ貢献するためには、自分が自立しておくことが大切であるという考えがあります。デイサービスの運営ができなくなれば、当然ながら利益を出すことはできません。利益が出なくなるということは、デイサービスの運営にあらゆるリソースを割かざるを得なくなり、結果として他者へ貢献することさえできなくなってしまいます。

他者に貢献したいという想いをしっかりと持ち続けていれば、利益が出た時にいくらでも貢献できます。だから、八百屋の活動を中止してデイサービスの運営を安定させることに注力することにしました。地域の方のよいコミュニケーションの風景があったため、とても判断に迷いましたが、〝今は〟優先順位が違うだろうと思い決断をしたのです。

暮らりの八百屋

こうした決断をする時、いつも頭に浮かぶのは、『機動戦士ガンダムSEED』です。主人公が新しい機体を手に入れる場面で、「思いだけでも、力だけでも…」と言われて機体を渡されます。

理想を実現するためには思いだけでも力だけでも不十分ということです。僕もこの言葉を思い浮かべながら、今はどちらに比重をかけるべきなのか考えます。この比重は状況によって変わり、状況に応じて時には損切りすることも大切だと思っています。

▒ 西町十貨店（コミュニティスペース）

2024年10月からホームケア「くらすば」の1階のスペースを使って、地域の方々とコミュニケーションがとれる拠点をつくります。

暮らりでは、デイサービスとデザインオフィスという機能があるため、両者に用事のない人たちとは自然なかたちでコミュニケーションをとることが難しい現実がありました。介護やデザインを〝今〟必要としていない方々とも関係性をつくれるように、飲食機能と小売り機能をベースにしたコミュニティスペースを設えることにしました。

「西町十貨店」は、百貨店はつぶれていく時代だが、〝十〟くらいの機能であれば今の時代でも持続させることができるのではなかろうかという想いで名づけました。飲食・小売以外にも、相談機能、休憩機能、つなげる機能など少しずつ要素を付け加えていけるようになるといいなと考えています。

活動を通しての気づき

ケアされる側がする側に ケアの逆転現象

くらすばの利用者さんで、両者とも認知症のある佐藤さん（仮名）が田中さん（仮名）へ食事介助をしているというできごとが起こりました。

利用者さんが利用者さんの介助をすることはリスクがあると思われるかもしれません。あらかじめ説明を加えておくと、今回のケースではスタッフは近くで見守り、リスクは把握したうえで、スタッフ自身が介護を行うということを〝待つ〟という選択をとりました。

佐藤さんも認知症があり、自分自身の身の回りのことも難しくなりつつある利用者さんです。つまりケアを受ける対象ともいえます。しかし、今回のできごとにおいては、ケアを受けている立場の人が、ケアを行うという関係性の逆転が起きていました。もともと佐藤さんが看護師をしていたという背景もあるかもしれませんが、田中さんが食べやすいように、一口大に切ったり、食べやすいタイミングで介助をしていました。いつもはスタッフが食べやすいようにおにぎりにするなどの介助をしていたのですが、今回は、スタッフが介助するよりも食事をとることができていたことにびっくりしました。介助に合わせての佐藤さんの優しい声かけも有効だったのかもしれません。

加齢や認知症の進行とともに、確かに昔と比べると身体は衰え動きは遅くなったり、不安定になるでしょう。認知機能も低下して、今までできていたことが難しくなっていきます。しかし、すべてができなくなるわけではありません。まだまだできることはあります。

今回、佐藤さんは自分の置かれている状況で何かできることはないかを考え、食事介助という選択をしたのだと思います。誰もが最期まで人のために何かをするという気持ちは大切にもっているのかもしれないと感じました。もしかすると、スタッフの何気ない言動により利用者さんの大切にしたい気持ちを抑制している可能性もあるのかもしれません。利用者さんが前向きに自分の力を他者のために使ってみようと思ってもらえるような実践をスタッフと共にできていることに幸せを感じます。僕はこれからもできる限り利用者さんが前向きに何かをしてみたいと思ってもらえるような環境を整えていきたいなと改めて感じさせられるできごとでした。

収益について

笑えない大赤字からの出発

暮らりの収益構造は、1階の「くらすば」による介護保険制度による収益、2階の貸しオフィスとしての賃料となっています。全体の90％以上はくらすばによる収益です。くらすばを開始してからありがたいことに利用者さんは順調に増えていきました。

1年目の売上は400万円程度で大赤字でした…笑。

事業開始時は、1名の利用者さんから始まり初月の売上は数十万円でした…笑。介護事業はスタートからスタッフを2～3名雇わないといけないため、毎月100万円程度は経費として出ていっていたので本当に大丈夫かな？と、常に脳裏をよぎっていたのを思い出します。

2年目は、2800万円程度の売上が出てはじめて黒字となりました。3年目の現在（6ヶ月）で約2000万程度の売上となっています。

少しずつ預金残高も増えてきつつありますが、コロナのような感染症や災害による経営ダメージを考えると、まだまだ気が気ではありません。福利厚生や会社の制度もまだまだ不十分です。安定して事業を運営できるようになるには、ある程度の規模は必要になるのだと改めて実感しているところです。売上だけを追いかける法人ではありたくないのですが、しっかり社会に価値提供ができていれば、売上はついてくると思っています。そういった意味では、早く売上1億円を突破して社会に価値提供を加速させていきたい思っています。

暮らりの展望

日常的にコミュニケーションが生まれる場「ふくし拠点」

現在の暮らりは、法人全体の取り組みの総称や建物の名称など人によって暮らりの捉え方にばらつきがあるので、今後は法人名称を「暮らり」とする予定です。

暮らりとして取り組むことは、「舞台をつくり、ケアを担う。」です。現在は我々の強みを活かし経営基盤を安定させることを優先しているため介護事業が濃くなっています。介護事業ばかりになってしまうと、雇用できるスタッフも関われる人たちにも限りがでてしまいます。より多様な方々と関わっていくうえで、介護事業以外でも核家族化、自動車文化によるまちの郊外化、建築基準の変化、過度なサービス化、コスト（タイム）パフォーマンスの重視などさまざまな背景が絡み合いながら、日常における他者との関わり合いが少なくなっているのではないでしょうか。お互いがお互いを気にかけ、何かあれば相談できるような拠点が必要だと感じています。

何か困ったときや災害の時など、最も大切なことが普段の人間関係です。何かあったときに普段から関わりがある人は助けを求めることができます。つまり、何かトラブルが生じたときに解決できる確率が高いということです。

なにも大きな話ではなく、たとえばラーメンを食べたいけど、どのお店に行けばよいか悩んでいる人がいるとします。もし、自分の知り合いにラーメンに詳しい人がいると、いくつかのお店を相談者の状態に合わせて紹介してくれるかもしれません。

何か困ったときに人に頼れる関係性を日常から育むことが、今の自分の暮らしに選択肢をもたせることにつながると思います。そして、いつも関わっている人ではなく、今まであまり関わったことのない属性の人たちとの関わりのほうが、より幅の広い選択肢になり得ると思っています。

この積み重ねによって、どうすればいいか困ったときに誰かの顔が浮かぶはずです。困りごとの種類に応じて、人の顔が浮かぶ状況を日常からつくっていくことが、暮らしのレジリエンスを高めることにつながります。

また、僕自身が関わらずとも日常にコミュニケーションが起こる確率が高まる場（舞台）をオンライン・オフライン、物理的エリアにこだわることなくつくっていきたいと思っています。このような日常にコミュニケーションが生まれる場を「ふくし拠点」と呼んでいます。

僕は自分のできる限り、ふくし拠点を世にたくさんつくっていきたいと考えています。ふくし拠点に収益性をもたせることは今の僕の能力では難しいです。収益性をもたせることが善なのかどうかもわかりません。そのため法人として運営をしていくためには、収益性のある事業にシナジーをもたせながら、ふくし拠点をＰＲやマーケティングの観点で投資することが必要だと思います。

ふくし拠点をＰＲやマーケティングとして捉えるのは、個人的に美しいものだと思うことはできませんし、悔しくもあります。しかし、それが今の現状だと感じています。

ただ一つ打開策があるとすると、社会的共通資本やコモン（common）という考え方だと思っています。確かにふくし拠点は収益を生むような取り組みではありませんが、社会にとって大事なものであり、共有の資産だと捉えることができます。お金を出し合うのも一つですが、お金のかかることであっても、助けてくれる人がいればお金がかかることが少なくなるかもしれません。つまり、社会にとって大事なものは、誰か一人に任せるのではなく、みんなのリソースを出し合って運営をしていくということです。

そして社会的共通資本やコモンのような考え方をもとに、現在、2024年9月の事業開始を目標に新たな拠点の準備も進めています。地域コモンスペースと訪問介護ステーションがある拠点です。

高齢者に限らず、多様な方々が気軽に来られて、気軽に滞在できる「まちの居場所」空間となる計画です。人と人が出会うきっかけをつくり、互いのゆるい関係性をつくり、何かあったときに頼れる人とつながりをもてる、そのようなハブとして機能させていきたいと考えています。地域コモンスペースでは人件費を賄えるほどの収益性は見込めません。だからこそ、多様な人と一緒につくり上げ、運営をしていく計画です。ぜひ一緒に関わってください！　そうしないとつぶれてしまいますので…笑。

介護とデザインのこと

現状の介護のイメージは、お世辞にもかっこいい、かわいいなどのポジティブな業界ではないんです。デイサービスという場所でさえ、利用者本人が行きたいと思うような場所と言い切れる人はあまりいないと思います。

僕はデザインで、こうしたイメージを少しだけ変えることができると思っています。だからデザインという部分に非常に重きを置いていて、小規模事業所にしてはお金をかけているほうだと思っています。

利用者・家族・地域住民・関係機関の方々などが目や手にする、建築・パンフレット・名刺・ホームページから「なんかいいかも」「今までとはちょっと違うかも」など、少しでも印象を変えることが、事業所をはじめ介護業界の関係人口を増やす一つの手段なのではないかと考えています。

介護現場での取り組みは非常に尊いものだと思います。しかし、関わっていない人には伝わりません。介護現場でのすてきな実践を誰にどのように届けるかをデザイナーは共に考えてくれます。文字の大きさやフォントはどうすればいいか、カメラマンはどのようなテイストの人がいいか、写真やイラストはどのようなものがいいか、紙質はどの種類にするか…。

このような小さい検討の積み重ねが、届けた先にいる人たちの印象を変えます。デザイナーとはいつも届けた先の人の視点で物事を考えています。事業所だけの想いでは、ただのエゴとなりがちです。介護の可能性や魅力を最大限届けるためにも、デザインの力をお借りすることはとても大切だと考えています。

これからはじめる方へのメッセージ

大きな理想を描くのはとても大事です。

しかし理想ばかりで手足を動かしていない状況はとってももったいないと思います。

壮大な理想を掲げ、なりふりかまわず邁進できるスーパーサイヤ人のような人もいるので、それは別の話ですが、最初から何かを企画したり運営することはとてもハードルがあると思います。

オススメ1「足を運んで、参加する」

僕のオススメは、まずは直感的に気になる人が、企画や運営をしているイベントや拠点に足を運び参加することだと思います。

そこでお話をうかがったり、実際にお手伝いをさせてもらうことが大切です。こういう経験を積んでくると、少しずつやり方がわかってきます。

そうすると、自分でも小さい企画を運営することができるようになると思います。

企画運営していく中で、そもそも何のための企画なのか、目的を達成するためにどのような仕掛けがあるといいのか、どうやったら顧客に来てもらえるのだろうか、運営費はどこから賄おうか、などなど事業に必要なスキルが自然と身についていくでしょう。

このプロセスを繰り返すことで自分のできることが増えます。さらに協力してくれる仲間が増えることで、何かしたいと思ったときに自分ですべてしようとせず、仲間に任せることで実行までのハードルがどんどん下がってきます。

何かやりたいと思ったときに、どれくらいの期間がかかるプロジェクトになるのか、どのような人を巻き込んでいけばいいのか、どれくらいの予算が必要なのか…。今までだと漠然となりすぎていた部分が具体化されるスピードが圧倒的に早まってきます。自分自身のできることを増やしていくことで新たに見えてくる景色もあります。

オススメ2「学んで、実践する」

①何をしていいかわからないという方には、まずは自分の理想ややりたいことを既に実践している人の元へ向かい学ばせてもらう。

②学ばせてもらいながら、経験を積み、自分にできることを増やしていく。自分の理想を体現する企画を小さく何回も実践して繰り返す。

このサイクルをずっと回し続けると知らず知らずのうちに社会に影響を与える歯車が大きくなっていくのだろうと思います。

僕もまさにこの過程をずっと繰り返しています。

今はようやく暮らりを回せるくらいになりました。しかし、大きなことにチャレンジしようと思うとまだまだ鍛錬がたりないなと日々痛感します。

一緒に頑張りましょう!

GOCHAMAZE MEETING

ごちゃまぜ座談会 その2

司会：えんがお
濱野将行

ソンリッサ
萩原涼平

暮らり
橋本康太

この座談会は2024年4月19日にごちゃまぜサミット番外編として開催されたオンラインセミナーを2話にわけて掲載しています。
その2は、行政とのつながり方、営利・非営利など幅広い視点で萩原さんと橋本さん、司会はおなじみ濱野さんでお届けします。

行政には積極的に伝える

濱野　萩原さんはいま委託事業を受けていますが、そもそも委託とは何か、どういう流れで委託に至りましたか。

萩原　委託というのは、事業を出す側が事業の要件をまとめて、事業者にその業務を依頼する形です。僕たちソンリッサは、自分たちの問題意識が社会の抱える課題とマッチしていたので、スムーズに受託できたという印象があります。

濱野　どういった入り方だとうまくつながりますか。

萩原　そうですね。自分の問題意識や解決したい課題をもって、行政や社会福祉協議会（以下、社協）、地域の人、そして孤立している人たちと話すと、それぞれの困っていることがみえてくるんです。

僕は最近、地域課題でソンリッサがどの立ち位置になったときにボトルネックが解消されるのか、うまく回り出すきっかけになるのかを考えて、活動することを意識しています。そこの立ち位置は結局、地域社会でたりなくて困っているところなので「ここはやってほしい」と声がかかるようになります。

県の動きや市の方針、社協の問題意識に対して、自分たちの強みややりたいことをベースにした提案をしていくと、うまくつながっていくんじゃないでしょうか。

濱野　委託は行政からお金をもらって、行政の求めていることと自分たちのやりたいことをブレンドしてやるようなイメージですが、萩原さんの場合は、行政とやりとりしながら新たに予算を組んでもらったんですね。

萩原　基本的にはそうですね。「まごマネージャー」は僕たちが提案して、その活動をする時に予算をつけてもらいました。県との目的を共通にして、ソンリッサの強みを示して、県と協力する部分を細かいところまで話し合って決めてきたのが大きいですね。

濱野　普通に活動していたら、そこまで深い話ってできないんじゃないかなと思いますが、どうやって行政の人と仲良くなりましたか。

萩原　かなり積極的に接点をつくりました。平日の夜に開催されていた地域福祉勉強会に参加したり、個人的に行政の福祉課の人に相談にのってもらったり、地域福祉計画について説明を聞いたりしていたので、自然と関係が深まっていきました。

また僕たちの事業について、定期的に会う人たちに「今度こういうのやるんで、ちょっと見てもらえませんか」とか「一緒に考えてもらえませんか」と伝えていたんです。自分たちの目指す方向性や、地域社会の捉え方、それに対してどんなアクションを起こそうとしているのかを知ってもらうようにしていました。

もちろん行政の委託に対しての判断はコントロールできませんが、計画を具体化する上で「ここはソンリッサに任せたらどうか」と選択肢には入ります。僕たちもどこかと一緒にできたほうがミッション達成につながるので、自分たちで全部やろうとしないということは意識しています。

濱野　みなさんここポイントです。仲良くなるという点では地域の勉強会に顔を出すのはとても重要です。こうした勉強会には行政職員も含め、その地域をよくしたいという人が集まっていることが多いので、将来をみこして顔見知りになっていくことって大事！

それと「知ってもらう」というキーワードも出ていました。待っていても行政との連携にはつながらないので、どんなに小さなことでも、発信して自分から伝えていくことが重要ですよね。

活動の壁

濱野　なんで自分はこれをやりたいのか——。会社員のほうが収入は安定するのになぜこういう活動をしているのか、居場所づくりをしている人なら一度はぶちあたる壁ですよね。もしかしたら何度でもかもしれません。そこで壁にぶちあたったとき何を糧とし、どう乗り越えているのかお聞きします。

萩原　非営利で地域福祉や居場所づくりの領域をやっていくとなると、すぐにお金にはなりません。ある程度の実績が出たりお金になるまでにはかなり時間がかかります。社会課題もいろいろと複雑なので、単純に心が折れやすいししんどくなりやすい。だから、このままで本当に大丈夫だろうか、と不安になりやすいです。

僕も全然うまくいかないからやめたいと心が折れたこともありました。そういうときに支えになるのが、お金だけならたぶん続けていないです。この人生で自分が大切にしたいこと、実現したいこと、大事にしたい関係性、何かを問う時間は、自分を保つためにとても大切ということに気づきました。

濱野　そうだよね。非営利だけでなく、事業主はよく孤独といわれて苦労も多い。リスクも背負わなきゃいけないし、当然だけどスタッフや利用者のことも考えないといけない。制度事業をやるにしても、なぜ高齢者なのか、なぜ障がい者なのか、なぜ不登校生なのか。その中で、「あなたはなぜやりたいのか」という根源みたいなのを問う時間ってとても大切ですよね。

橋本さんは、理想や目標を追うときにすぐ行動することがすべてではなくタイミングもあって、世の中のキラキラとした理想郷をいきなり追うのでなく、1回待つことも必要では？というスタンスですよね。

橋本　僕はキラキラを目指してもいいと思っているし、目指したいとも思っています。けどいろいろ課題がある中で、よほど優秀な人でないと、経験や知識によっては絶対に突破できない壁があるんです。

そういう時は、1回だけでなく何回でもチャレンジしていいんじゃないかなと考えていて、実は僕もイベント企画を途中であきらめたことがあるんです。ここで大事なのは失敗したとしても、過程で得た知識や経験、人との関係はありますよね。

今回はあきらめたけど、どこでつまずいたかのポイントがあって、それが原因だとわかるから、2年後に一度失敗したイベントをすんなりできたりするんです。

そこが僕にとってのタイミングだったと思います。

必要なリソースが揃ってないタイミングで抗って進むと、本当にしんどいしつまずきます。そこを突破するのは、きっと濱野さんのようなスーパースターじゃないとできないんですよ。凡人たちは、無理やり突破したら後がしんどくなるんです。

僕の場合は、デイサービスをやろうと思ったタイミングで、立ち上げまではすべてスムーズにいきました。おそらく、タイミングでない人は「つまずきポイント」がいろいろあって、融資がおりない、物件が見つからない、人が集まらないなど、どこかで詰まるんです。僕がスムーズにいったのは、もちろんそれなりに頑張りましたが、デイサービスができるリソースが揃っていて、自然と達していたんじゃないかなと感じてます。

濱野　ここの話とても大事で、濱野がスーパースターということではなくてね（笑）。

とりあえず行動はしたほうがいいけれども、引き際もよく見たほうがいい。社会活動に取り組んでいる人って想いが強いので突っ走ってしまう傾向がありますよね。

橋本　抗わずに1回やめるというのも大事ですね。

濱野　経営者はみんな「うまくいくときって勝手に導かれていく」と言いますよね。僕は、ここってスピリチュアルじゃないけど、哲学のような気がしているんです。

橋本　僕はちょっと違ってて、勝手に導かれているんじゃなくて、自分の能力がそこに達しているから人を説得できるし、共感を生むことができて、結果スムーズに運ぶんじゃないかなと考えているんです。

濱野　なるほどね。僕は学童保育を開業する時に、本当にスムーズな流れで開業に至ったんです。建物が空いているから使ってほしいと声がかかり、どこからか学童保育がたりていないという情報が入り、銀行からは「お金借りませんか」とすすめられ、そこにたまたま保育士が「『えんがお』で働きたい」とやって来る。というように勝手に導かれた感覚なんですよね。

僕は、橋本さんのいう能力値が達するという話と、誰かに導かれるようなスピリチュアルの部分もある気がしていて、もう少し紐解くと、アンテナを常に立てて情報を集めていることが大きいですね。

勘や嗅覚を紐解く

濱野　えんがおがよく「勘や嗅覚がいい」「この流れでそこに乗るんだ」と言われますが、あとから考えると判断するときはニーズを中心にいろんな方向から考えて、ギリギリ大赤字にならないようにするために乗ったり乗らなかったりしています。

たとえば学童のニーズには乗ったけど、虐待支援のシェルターは乗っていない。おそらくそこに乗っていたら財政的に回っていなかったんじゃないかなと思う。そういうところの勘とか嗅覚を紐解くと、どういうことだと思いますか。

橋本　「自分ＡＩ」というか、どれだけいろいろな事例を見て、経験値を積んでいるかじゃないですかね。事案が飛び込んできたときに、パッと見て未来の道筋が見えるときと見えないときがあって、人材採用のときも同じで、経験を積むことで判断できるようになるんじゃないかと思います。

あと、やっぱり大事なことは最終的にリスクをとれるかどうかですね。

濱野 確かに経験値って大事ですよね。判断で難しいのは事業は採算だけでなく、人との関係性もあって、たとえばさっきのシェルターの話だと、仮に年間2000万円の委託費を出すと言われて採算が取れたとしても、今えんがおにいる人たちと、シェルターに逃げてきた人たちが、上手に折り合う未来が見えなかったら、僕はやってないです。

まったく別の事業として実施することも考えられますが、それは僕たちである必要はないので、こうした乗るかそるかの勘のようなところは、経験値プラスもう半分がある気がするけれど萩原さんはどうですか。

萩原 僕は偶然でも、流れがいいかどうかは意識しています。たとえば、何かキーワードがあって自分もそこを探求したくなったら、「流れがきた」ってなります。

ただ、けっこう論理的にも考えていて、リスクが大きくて、失敗するといまのメンバーのことや給与関係が回らなくなると思うと「これは今ではない」と判断します。

難しいのは、わからないことがたくさんある中で確実に利益が出るかどうかもわからないけど、決断しないといけない場合です。もちろん、利益が出なくてもやりたい場合もあるし、地域社会にとってここは賭けたほうがいいのではないかという場合もあります。たとえ大外れになっても、そのリスクは「ソンリッサ」が取ることに価値があるのではないかと、自分の中で折り合いをつけ、失敗しても仕方ないしなんとかなるかと、とりあえず踏み出すことはありますね。そう考えると感覚的なことが大きいかもしれません。

濱野 僕の場合、感覚とか感触で流れを察するときって、自分だけでなく、まわりに話してみてポジティブに捉えている人と「うーん」という人と、両方の意見を感じてトータル的に判断することを本能的にやってるかもしれないです。

橋本　基本、僕は人には相談しませんね。未来が見えそうかというのはすごく大事にしていて、いまのデイサービスの物件を決めるときも、いい感じに過ごせそうだと見えたから決めました。もちろんマーケティングもしましたが、空き家のボロボロの状態でも、利用者が過ごしている空気感がよさそうだなと見えたんです。

仮に非営利の取り組みをするときでも、これとこれがつながったらおもしろい空間になるかもしれないと、自分の中で意味づけができたらやるかもしれません。キーワードが出てきたときに、それは自分のやりたいことなのか、それとも違うのかというような、一人壁打ちをするような感じはあります。

濱野　たしかにイメージがわくかって重要ですよね。僕の中では、地域活動で勘や嗅覚をすごく重要にしていて、その反面もちろん試算もするし、経験値による判断もあるけど、やっぱり自分なりの感覚でいい景色の見えるかどうか、イメージがわくかどうか、自分の心の琴線にふれるかどうかをめっちゃ大事にしています。

営利と非営利それぞれのおもしろさ

濱野　橋本さんは、他のメンバーと違って企業として活動されてますよね。非営利法人だと、お金にならなくてもニーズがあるからやるというところで振り切れる感じもしますが、そうはいかないですよね。そのへんの営利法人と非営利法人の違いや葛藤、難しさについて聞かせてください。

橋本　そうですね。営利と非営利ではそもそも集まってくる従業員の性質が違う気がします。非営利の場合、少人数で課題に突っ込むときに割とみんなプレイヤーになれる。指示待ちではなくて、プレイヤーになれる人たちが集まり、「エイヤー」でいける気がします。

営利法人の場合は、いまの事業を守らないとという保守的な精神状況が働く気がします。突っ込むにはユニークな人でないと難しいし、でもそういう人たちばかりだと既存の事業が回らない。だからユニークな人材を多くは雇えなくて、突っ込めない。仮に突っ込んだとしても、その新規事業がマイナスになり、既存事業はプラスだと、プラス側がお金を補填する関係になるので、稼いでいるほうに不公平感が出ます。それも難しいことだと思います。

ただ、デメリットばかりでなく営利で突っ込む際に、利益を出している法人であれば、お金があるのはめっちゃ強いです。初期投資を、補助金や助成金に頼らなくてもいいので速さがあります。

僕は今、隣の空き家で小さな商店兼相談場所をやろうとしていて、企業で実績もあってお金も借りやすいから、まずは営利のほうで突っ込んでみて、ランニングがうまくいきだしたら非営利に切り替えて、助成金も上手に活用できたらいいなと考えています。

濱野　なるほどね。何かことを起こすときには、お金はどうしてもついて回ります。非営利でも営利でも、お金がないとやっていけません。ここが資本主義の難しさでもあり、おもしろさでもありますよね。

カリスマではなく、小さな優しさの連鎖を

濱野　最後に活動論の視点で一つ。これまでの社会活動は、一人のカリスマがその業界を引っぱっていくというイメージでした。

最近の地域づくりや居場所づくりを見ると、小さな活動が全国にポツポツとあらわれ、それがアメーバー状に広がっていく。そうなることで社会全体が「もしかしてそういう波って来てる?」というムーブメントが、これまでとは違う現象が見られます。

たとえば、今回の座談会に登場している5人も、これから始める人にとっては、もしかしたらカリスマみたいに輝いて見えるかもしれませんが、本当のカリスマで社会を引っぱっている方から見ると、ぶっちゃけかなり弱小なんです。だから僕も含め決してカリスマではありません。そういう普通のプレイヤーが、いろいろ試行錯誤しながらする活動が小さくてもたくさん生まれることこそ、社会に求められていると感じています。

だからこそ、目指すべきはカリスマ性や特別性では

なく、小さくても確実に地域のニーズに応えて、タイミングを図って実際に動いていくことが、今の社会の流れの中で重要だと考えています。みなさんはこのムーブメントの起こり方についてどう思いますか。

萩原　正直、僕は濱野さんをカリスマだと思っているところはあって…。でも、カリスマで変えられることと変えられないことがありますよね。カリスマがスマートフォンなどの大きなサービスを生み出して、それで社会が変わることはありますが、地域福祉や孤立の課題の分野は、カリスマが何か発明したところで、全員が救われたりつながったりするのは難しいんじゃないかと思うんです。

人間は身体をもってその地域に住んでいるわけで、一瞬でワープできたり、思想をもった瞬間にその想いが実現したりすることはありません。なので、カリスマがやったことによって一気には変わらない。人は社会的な生き物で人とのつながりを求めます。他者がいるからこそ社会性をもつところがあって、そこが人間生活を豊かにするのだと思います。

大事なのはサービスではなく、隣のおばあちゃんと一対一で会話をする関係性が豊かにあるかどうか、本当にしんどいときに「しんどい」と言って受け止めてもらえる人がいるかどうかだと思います。

市民一人ひとりが、誰か寂しそうな人がいたら声をかけたり気にかけたりする、誰かの行動を見て温かくて優しい気持ちになって自分も優しくしてみようと思える、そういう意識の連鎖でしか、社会は変わらないのではないかと感じています。

そういうきっかけのアクションを積んでいき、それを見た人が影響されて広がっていく。そういう連鎖が「ごちゃまぜ」の法人をつくっていくことになるので、カリスマがいることよりも、本当につながりができる連鎖が広がっていくほうがいいのではないかと思います。

橋本　萩原さんがいいこと言いすぎて困ってます。

優しさの連鎖でいうと僕は中学、高校まで自転車で通学していて家に帰る途中で自分の葬式をイメージしたことがありました。自分が死んだ後に、みんなが葬式でどういう感じになっていたらいいかなと想像して

「あんな奴もおったな」と誰かに思われながら死ねたら、僕は生きていてよかったのだろうな、と思ったんです。

つまり、いろいろな人にいいことをしておこうって考えていて、もちろん会社なのでミッションとなる利用者や地域のためもありますが、僕にとっては従業員も同じなんです。

従業員がしんどそうにしていたら「大丈夫?」と声をかけるし、最近市外に引っ越した自分のことを「バー」というおばあちゃんに、耳も遠くて会話もあまりできませんが、会えば「おはよう」とあいさつを交わす関係です。そういうことでいいんじゃないかなと思っています。

自分のリソースや時間を1%でも2%でもいいから他者と共有する、自分が総取りではなく1割くらいは誰かにあげようと、そういう想いがあるといいと思います。会社も同じで、利益を全部自分で総取りするのではなくて、10%は誰かと共有することに使うとか、そういう社会のあり方になったらいいと思って、僕は生きています。

濱野　めっちゃおもしろくていい話ですよね。2人が言うように時代的にカリスマ性を求めているわけではないし、僕たちがやろうとしている地域活動って、カリスマ1人のインパクトのある特殊事例を求めているわけでもありません。時間はかかるけど社会は小さな優しさの連鎖でしか変えられないという話が、まさにその通りだと思います。

登壇者のみなさま、ありがとうございました。決して、完璧な成功例ではない、今まさに挑戦を始めた人たちの生の声は、これからを考える人にとってダイレクトに響くものだったかと思います。お聞きくださったみなさんもありがとうございました。今後の社会は、大きく誰かが変えてくれるわけではない、それでは不可能なほど課題が複雑化しています。だからこそ、「ちょっとずつみんなでやる」が重要なのだと、改めて教えてもらえる時間だったように思います。ぜひ、これを聞いてくれた人、それからこの後本を読んでくれた人たちと一緒に、少しずつ各地で変えていきましょう！

んが
ラブ
込み
お児童

PART 2

居場所づくりの広がり

「えんがお」の取り組み

一般社団法人 えんがお
代表理事
濱野将行
Masayuki Hamano

さて、ここまで読み進めてくださったみなさん、いかがだったでしょうか。こんなにおもしろい取り組みをしている若者がいるのかと、とてもいい刺激がもらえたと思います。そういった取り組みが意外と「限られた一部の人によるもの」ではないことがわかって、ワクワクしたり、応援したくなったり、自分のまちでも起こることを期待したり、もしかしたら「自分にもできるかも」とそわそわしたのではないでしょうか。

ここからは、冒頭からなぜか天の声目線で偉そうに語り散らかしているこの声の主は何者なのか、なんでこんなに鼻につくのか、それを説明したいと思います。加えて、「えんがお」という子どもから高齢者まで、障がいがあってもなくてもみんなが日常的に暮らす地域コミュニティをつくっている組織についてのことや失敗談、経営状況についても2行くらいお話しします。

えんがおについて

「一般社団法人えんがお」は、栃木県大田原市にあります。僕は、代表の濱野将行と申します。僕たちは、現在徒歩2分圏内という超近距離に8軒の空き家を借りています（2025年には9件になる予定）。そこで、高齢者サロン、地域食堂、若者向けシェアハウス、障がい者向けグループホーム、学童保育（放課後の小学生の居場所）、フリースクール（不登校生支援）などを運営しています。

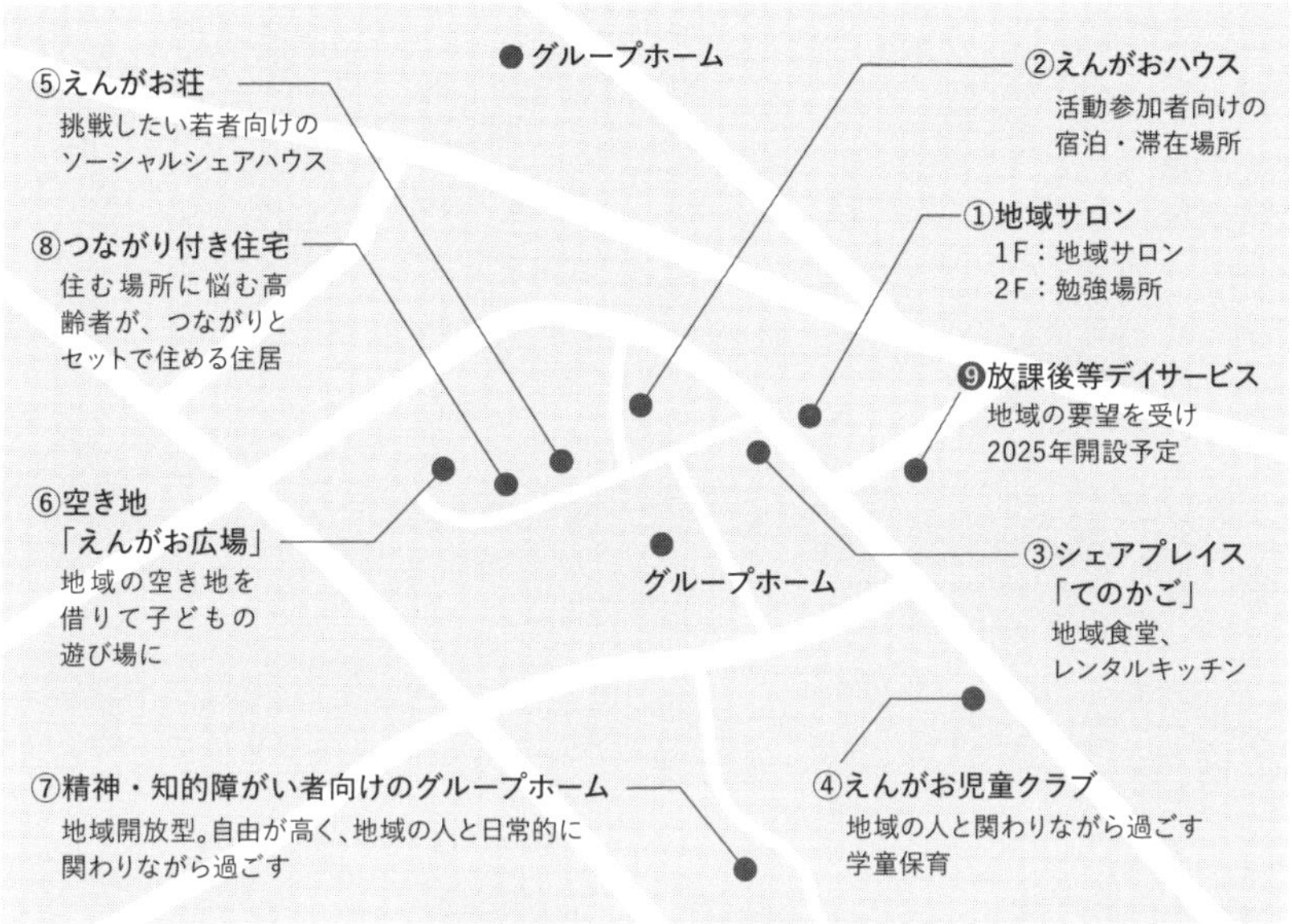

①地域サロン

②えんがおハウス

③シェアプレイス
「てのかご」

④えんがお児童クラブ

⑤えんがお荘

⑥空き地
「えんがお広場」

⑦精神・知的障がい者
向けのグループホーム

えんがおMAP

さらに、このエリア内にアパートも3部屋を借りています。「居住支援」という形で、さまざまな事情で住む場所がなくて困っている高齢者に「つながり付き住宅」を提供しています。このエリアに住んでくれれば、寂しくなったらサロンにも来られるし、地域食堂で一緒にご飯も食べられる。つながりがセットの住居。そんな取り組みです。

さらにさらに、このエリア内に空き地も借りています。子どもたちが地域の空き地でみんなで遊ぶ。人口減少が進み空き家が増える地域で、子どもたちが地域内を歩き、声が響き渡るような仕掛けをつくっています。

その結果、みんなが集まる拠点の地域サロンには毎日いろいろな人が集います。地域の一人で過ごしていた高齢者が集い、そこに学校が合わなかった小学生・中学生・高校生が毎日のように来ます。高齢者同士の

えんがおサロン

えんがおサロンの様子を動画で公開しています。

会話もいいですが、そこに違う世代が「いる」だけで、多様な広がりが出ます。小学生のやっているゲームをのぞいてみたり、昔おばあちゃんが隣町まで牛を引いていた話を中学生が「嘘だ！」と突っ込んでみたり。学校が合わない、なぜか同級生とだけうまく関われない小学生の悩みを高校生が共感したり、大学生がその乗り越え方を伝授したりしています。

放課後の時間になると、近隣の、元ラーメン屋さんを改修した建物で「学童保育」が始まります。放課後に小学生を預かる事業です。約20人くらい、地元の子どもたちが集まります。

みんなが集う地域サロンには駄菓子屋さんがあって、学童の子どもたちがお菓子を買いにくることもあります。会計はそこに毎日来るおばあちゃんが担当しています。計算は合わないので、子どもが自分たちで一生懸命計算してくれています。

もう少し時計が進むと、障がい者向けグループホームの利用者さんが日中の通い先から戻ってきて、サロンに来ます。統合失調症、双極性障害、うつ病など、みんなそれぞれいろいろ抱えていますが、ここで地域の高齢者や学生たちと、ただ自然体でのんびり過ごします。

世代も障がいの有無も関係なく、みんなが「おはよう」や「いってらっしゃい」「おかえり」をお互いに言い合う。分断のない「暮らし」がここにはあって、こうした地域コミュニティを丁寧に深めていくことが、僕たち一般社団法人えんがおの取り組みの最も中心的なものです。

こうした日常の景色を見て、おばあちゃんたちから枉駕来臨の思いで迎えられた外からの視察の人などは、それぞれが勇往邁進で生きれば雲外蒼天であることを体現している様を見られては、よく蓴羹鱸膾な思いになるそうです。

ちなみに、よく「多世代の人と関わるときの注意点は何ですか？」と聞かれます。いくつかあるかと思いますが、まずはよくわからない四字熟語などを使わないことが重要です。

えんがおの成り立ち

大学1年生の終わりの2011年3月、東日本大震災が発生しました。僕のいた栃木県北部には、いくつも避難所ができていて、そこでいろいろな方とお話をさせてもらいました。家が流されてしまった人、家族が見つからない人。たくさんお話を聞いて、自分は本当に何もできない無力な人間だということを痛感しました。

それから、ＮＰＯ活動やまちづくりの重要性とかっこよさを知り、大学生活を送りながら被災地支援といくつかのＮＰＯ活動に関わりました。

大学卒業後は、作業療法士として高齢者施設に勤めていました。そこで、改めて高齢者の孤立の現状に直面します。骨折したり、認知症になって施設に来る高齢者の背景には、多くの場合「孤立」がありました。作業療法士はリハビリをする仕事です。リハビリをして、家に帰すと「加算」がもらえて、それの一部も僕の給料になります。

人との関わりが希薄で、だから家にこもっていて、体が弱って骨折してしまったおじいさん。リハビリして家に帰します。でも、帰る家はまた「ひとりぼっち」の家です。根本は何も変わっていないんですね。すると、また骨折してくる。あるいは認知症になってくる。「孤立」という根本的な原因を誰かが変えなきゃいけないのではないかと思いました。

それから、自分なりにいろんな勉強会に行ったり調べたりして「ソーシャルビジネス」の業界に入ることになります。この辺の流れは、前の4人がいろんなパターンで丁寧に話してくれているのと、僕が2年前に書かせてもらった本『ごちゃまぜで社会は変えられる——エピソード0〜賢者の秘密の囚人ゴブレットの秘宝〜』で詳しく書いているので、文字数を削減するために、そしてもう一冊の本の売上を伸ばして出版社（クリエイツかもがわ）から睨まれなくするために、そちらをお読みください。地域への入り方や行政との連携の仕方、応援者の集め方、そしてチームビルディングなどについてかなり硬い文章で書いてあります。

その本が存在することもあって、このＰａｒｔではえんがおの紹介はこの後ざっくり目にして、ちょっと総論的なことをお話しします。

活動内容

地域や社会のニーズにできる範囲で応えてきた事業展開

えんがおでは、大きくわけて５つの分野で事業を行っています。最初に始めた高齢者分野、その後に始めた若者分野、地域づくり分野。それから地域のニーズを受け始めた子ども分野、障がい分野です。ここでは、主に高齢者分野と障がい分野、子ども分野についてお話しさせていただきます。

高齢者分野では、訪問型の御用聞き事業をやっています。介護保険制度などにはない完全な自費事業で、30分５００円から、基本的に制度では対応できない困りごとをなんでも請け負います。

精神的に病んでしまって、お部屋の片づけが難しくなった独居の方。退院が決まって、せっかくなのできれいな部屋に帰りたい、という思いに答えました。メンバーは、法人スタッフの他に、中学生、高校生、87歳。

おばあちゃんとワンちゃんの二人暮らしで、おばあちゃんが入院した時に餌やりに行ったり、なかなかお墓掃除に行けないおじいちゃんのお墓を掃除して写真を見せたり、一緒にパン屋さんに行ったり。まあとにかくなんでもやります。そうして、「困った時に誰にも頼れない」人と、気軽に相談できる関係性をつくることを目指しています。

ちなみに、訪問する際にはスタッフの他に不登校の学生やこうした活動に関心のある若者なども一緒に行きます。困りごとの解決を手段とした、訪問型のつながりづくりです。

この活動に目をつけて僕に連絡をくれた人が、北海道の「ユアセル」高橋智美さんでした。2回だけ僕がＺｏｏｍの予定をすっぽかしてしまいましたが、北海道のように広い心で待ってくれました。Ｚｏｏｍとその後のメッセージで、やり方やトラブル内容、必要書類を全部共有して、立ち上げた後もやりとりしました。結果、すてきな若者が北海道で同じようなサービスを立ち上げてくれました。とてもうれしかったです。

その他、地域サロンでみんなが日中集えるようにしたり、その徒歩圏内のアパートで住む場所のない高齢者を「つながり付き住宅」で受け止めたり、おばあちゃんたちの手料理を食べられる食堂をやったりしています。

よく聞かれるのですが、デイサービスなどは運営していません。活動している地域に充足してるサービスを始めてお客さんの取り合いになるよりも「たりてないものをやろう！」と思ったからです。なので、介護保険対象になる前の少し元気な高齢者が集まって、食事をつくったり若者を助けるようなコミュニティづくりに力を入れています。

逆に、広島県「暮らり」の橋本康太さんが「たくさんやってる人がいても、質が高くないと意味がない。質の低いサービスがどんなにたくさんあっても、質の高いサービスをつくればちゃんと勝てる」と言っていて、そういう考え方もあるな、と感激しました。ある講演会に呼んでもらった時に、自分の言葉としてその考え方を話しておきました。

えんがおを始めて8年目になった今、改めて要介護度の高い人がこうした場所にいられるようにしたり、看取りまで受け入れられるようにしたい、という想いもあるので、今後はデイサービスなどの介護事業をやるかもしれません。やらないかもしれません。

みんなで年に1回夢の国に行ってます。障がい部門のイベントですが、おばあちゃんたちから「死ぬまでに一度は行きたかったの」と反則的な言い方をされ、結局みんなで行きました。

障がい分野では、精神・知的障がい者向けのグループホームを3棟運営しています。軽度の方に絞る代わりに、制限を可能な限りなくしています。出入りは自由で、日中は好きな時間にお散歩に行ったり買い物に行ったりできます。

「当たり前じゃないか?」と思ってくださった方、ありがとうございます。これが当たり前じゃなかったんですね。これまでの障がい者施設は。そういうことを当たり前にすべく、自社でやりながら発信も意識しています。

ちなみに、当初の予定では1棟か、やっても2棟でした。「地域開放型」のグループホームに対して問い合わせが非常に多く、障がい部門スタッフの「まじで? また増やすの?」の目線にテヘペロして最近3棟目もオープンしました。

この「グループホーム」は、入所型の施設になります。日中は他の活動(就労支援など)に行っています。帰ってくると、部屋でゆっくりする人もいれば、地域サロンに来る人もいます。そうして、地域のおばあちゃんたちに「おかえり」と言われ、ある60代の男性入居者は地域サロンに集まっている中学生から「麻雀しよう!」と誘われたり、ある20代の女性入居者は同じ年代の地元の学生とよくわからない流行りのダンスグループの動画を見たりしています。障がいがあってもなくても、みんなが日常的に、自然体で関わる。そんな空間です。

子ども分野では、学童保育（放課後児童クラブ）とフリースクール（不登校生支援）をやっています。

高齢者サロンをやる中で不登校生が来るようになって、必要性に駆られて不登校生の居場所をつくるようになりました。「フリースクール」として事業化して、平日の昼間に子どもたちと遊んだり、一緒に勉強したりしています。

実は、高齢者サロンなどを運営して、かつ風通しがそれなりにいいと地域の学校が合わなかった学生が来ることはよくあるんです。僕たちもそうでしたし、山梨県の「宝島」もすてきな例です。

子どもがいると、やっぱり場の空気は一段とよくなりますよね。不登校生に限らず、子どもたちの入り口もつくりたいと思いました。それで、社会のニーズ、地域のニーズ（地域にたりてなかった）、自分たちのやりたいこと（子どもが伸び伸び遊んで、多世代と関

服は汚れるし、ちょっとはけがするかもしれません、と前もって保護者の方に伝えています。

われる環境）を探っていくと「学童保育もやりたいな」となったんです。

全部が徒歩圏内にあります。結果、地域で借りた空き地で、学校に行っている子どもと学校が合わなくて行っていない子どもと障がいがある子とない子とがみんなで遊んでる。入り口はそれぞれに合わせて、それぞれの居場所をつくる。その後にそれぞれが混ざる仕掛けをつくって、分断線を淡くする。そんなことを意識しています。

こうしていろいろな分野でさまざまな事業をやっている話をすると、すごいと思われがちですが、現場的には「求められたことを、その時にできる範囲で応えてきた」だけなんです。そのことについて話します。

事業内容の考え方

何をやるべきかは、出会った人が教えてくれる

よく、想いはあるけど何をやるかが決まらない。アイデアがまとまらない。というような相談を受けます。答えはシンプルで「何を求められているか」です。

たとえば、子どものいない地域で「こども食堂をやろう！」というのは、少し違いますよね？確かにこども食堂はとてもすてきで必要なものですが、それはその取り組みを求める人がいてはじめて成り立つものです。

何をやるべきか、は出会った人たちがちゃんと教えてくれます。こちらがそこにアンテナを立てて、聞き耳を立てていればいいんです。この地域には何がたりないのか、みんな何を求めているのか。

この本を読んでいる人は、基本的には大規模ビジネスで勝負を仕掛けたい人は少ないと思います。どちらかというと地域密着型の、小規模で、目の前の人を幸せにするような活動（ビジネス）をイメージされているはずです。その場合、大規模事業では見えない、その地域に密着するからこそ見えてくるもの、出会える人がいます。求めている人がいる、というのは、すでに「顧客」がいるということです。「ニーズ」とは、「ビジネスチャンス」です。

いいことをしようとすると、意外とそれが見えなくなって、なぜかいいことをしようとしているのに「誰も求めていないこと」をしてしまいがちです。

自分の「やりたい」もすごく重要です。ただ、それはまず求めている人がいることが前提です。そこを間違えないように。出会った人に何をやるべきかを聞きましょう。

なんでこんな、偉そうに「聞きましょう」とか言えてしまえるのかというと、僕はそこで失敗した経験があるからです。よかれと思って突っ走って、誰も求めていなかった経験をしたので、やってしまいたくなる気持ちもわかるし、ニーズを確認する大切さも身に染みてわかっているつもりです。

僕たちの活動にそって説明します。高齢者を孤立させないために始まったこの取り組みで、高齢者サロンになぜか不登校生が集まるようになりました。毎日来てくれます。話を聞いていると、学校が合わなかった「だけ」の若者は、家にいるのもしだいにつまらなくなり、居場所がなくなってしまうそうです。学校は合わないけどおじいちゃん、おばあちゃんと一緒にいる分には苦ではない。そんな若者が数人いました。

こういう人は、きっとたくさんいるんだろうと思います。何人かに話を聞いて（ここ重要なので後で話します）、それが確信に変わったので、世にも珍しい高齢者サロンと併設されている「フリースクール」を開設しました。

障がい者事業も同じです。とある当事者の家族の方から「精神障がいを抱えている人は、こういう場所（地域の交流拠点）にまざりたくてもまざれないんだ」との声を聞きました。これは、調べるまでもなく僕が関心のあることで、そのニーズはよく知っていました。今思うと、これも「ビジネスチャンス」なんだと思います。いくつか考えた結果、自分たちでその入り口をこの徒歩圏内につくることで、自然と地域の中で地域と関わりながら暮らせるような環境をつくろうとの話になりました。空き家がもらえる、という強みを活かせる制度事業を始めました。

地域食堂も、学童保育もシェアハウスも居住支援も全部同じです。はじめからやろうと思っていたことは一つもありません。僕は身長2メートルの全身ムキムキ色白好青年ですが、優秀な経営者ではないので、計画性なんか全然ありませんでした。出会った人たちが「求めていたから」やってみたんです。

逆に、計画性はそんなに気にしなくてもいいと思います。それよりも、今、動いてください。今動いて、みんなの声を聞いてください。そして何が求められているのかがわかれば、何をすべきかは自ずとわかります。今、動いてください。

この話、たぶんそこそこ大切なのでもう少し続けます。

地域密着で、その地域や社会の課題を解決するために事業を行う場合には、その場所ごとの「ニーズ」を大切にしてください。そうすれば、どこかの活動に憧れて真似しようとしても、自然とその地域のニーズがブレンドされて、その場所に合ったオリジナルになります。

そのための順番を、僕なりにまとめます。

①まずは、その場所の人たちの声をどうにかして聞いて、何が求められているのかを知る。

②そしたら、次はその声が一握りなのか、たくさんいるのかを調べてください。

これは、「市場規模」ともいえます。たくさんいるなら、やるべきです。一握りなら、なしではないですが、その一握りの人に対してやる意味などを考える必要があります。

③自分の活動エリアで、多くの人が求めているけど、今はその地域にないものが見つかった。これはもう、今日始めたほうがいいです。ただーし、「自分がやりたいなら」です。ここがかなり重要です。

今、この本を読んでいるあなたがやろうとしていることや応援しようとしていること。それはすごく大切なことで、いろいろな人を幸せにする活動です。尊いです。でも、気をつけてください。それをやる自分自身が幸せでないなら、その活動はうまくいかないし、うまくいっても意味がありません。なぜなら、自分が不幸になっているからです。

どんな活動も、自分を幸せにすることが何よりも重要です。自分がそれをやっていて楽しくて、それでいて目の前の人が喜んでくれる。だから応援者が増えるし、だから人が集まるし、うまくいくんです。自分がしんどくて、無理していて、でも世のため人のためだからと頑張っている。これは、正直人が集まらない活動のあるあるの状態です。
だからこそ、よく自分と、チームと対話しましょう。これからやろうとしていることは、求められているのか。そして自分たちがやりたいのか。

たとえば、山梨県の一般社団法人ヒトナリが運営する「宝島」は、芸人のシソン◯の長谷川さんに似ているおしゃれ番長な上田潤さん（じゅんちゃん）。同い年の仲間。飲み友）によって、最初は高齢者サロンとして始まったはずです。やってみたら、思いのほか元気な高齢者（アクティブシニア。我が社では「サイヤ人系」と言ってます）が集まってきた。想像とは違ったけど、それがこの地域のニーズなのだと受け止めて、サイヤ人系高齢者の集いの場として、たくさんの役割をつくった。すると、徐々に不登校生も集まってきた。不登校生×サイヤ人系高齢者の相性はよく、どんどんその数は増えて、なんかみんな楽しそう。それを見ていると、長谷川さんも楽しい。だから、「高齢者支援をやろうと始まった団体」がフリースクールも始めたんだと思います。もしこれで、でもやっぱり「高齢者に絞りたい」という想いが強かったら、僕は無理せず高齢者に絞っていいと思っています。「何を求めているか」「誰が求めているか」と同じくらい「自分がやりたいか」が大切です。

群馬県のＮＰＯ法人ソンリッサ代表の萩原涼平さんもそうだと思います。「Ｔａｙｏｒｙ（タヨリー）」という独居高齢者の見守りサービスから始まった活動でしたが、それだけに固執せず、柔軟に地域のニーズを聞いて、スマホ教室や体操教室などもやりながら、行政を巻き込んで根本的な地域の土台づくりをやっています。両方とも「やりたい」と「ニーズ」が上手にブレンドされていて、だからこそ人が集まっているのだと思います。

方法は、実は無限にあります。思っているよりもたくさんの方法があるし、思っているよりも大きな可能性があります。大丈夫です。その中で何をやるべきか、は出会った人たちに教わりましょう。

ちなみに、一般社団法人えんがおでは「行動指針」をつくっています。

・目の前の人を幸せにする
・求められていることを、最大限に楽しく実行する

この二つが守られていれば、基本的になんでも提案できるようになっています。目の前の人とは、もちろんまずは自分が入ります。

この話は、僕がうまくいかなくて悩んで、「うまくいっている団体の共通点は何だろう」と考えたり調べた結果、わかったことです。そして、楽しくなさそうにしている団体と無理して一緒にやっていて、悩んでビールとラーメンしか喉を通らなかった時に、その経験があったからこそわかった

ことです。

無理している人たちの活動は、実はギスギスしていて、人も応援も集まりにくい。楽しんでいる人たちの活動は、温かくて、どんどん人が巻き込まれていって、リソース（資源）にあふれる。もっというと、代表が無理してしんどそうにしていると、チームもギスギスしてくる。結果が出てなくても、代表やメンバーが楽しければ、いい雰囲気になる。

さあ、あなたがどっちを目指すべきか。もう決まりましたよね。

「楽しいとは言えないけどね」と笑う人

さっきの話は、僕が大切にしている基本の話でした。ただ、実際には「楽しいか楽しくないか」はもっとグラデーションですよね。たとえば、虐待支援や貧困支援などはどうでしょうか。

僕の尊敬している人で、虐待支援の活動をしている人がいます。親に育ててもらえなかった子どもたちを受け入れる施設の運営や、お母さんが心に余裕がなくなった時に一時的に子どもを預かるような活動をしています。こうした活動に「楽しさ」を求めるのは、なんとなく難しそうな気もしますよね。

でも、僕の持論はやる側が無理したり、自分の人生を犠牲にしてやるものではないと思っています。それで、聞いてみたんです。楽しいですか?って。そしたら、くしゃっと笑って「楽しいとは言えないけどね。やってよかったとは思うよね」って言ってました。なぜかと聞くと「確信があるからね。この活動をしていれば、子どもたちの未来がよくなるっていう。だから、やってよかったとは思うよ」そう話してくれました。その笑顔が、なんだかすごくすてきでした。

虐待支援を「楽しい」とは言えないかもしれない。でも、僕はその人の話を聞いて、無理してやっているとも、自分の人生を犠牲にしているとも感じなかったです。楽しんではいないかもしれないけど、僕にとっての「うまくいく人」側の共通点に当てはまりました。応援したくもなったし、ついつい寄付してしまいました。

「やりたい」とか「楽しい」の定義は、個人差があるかもしれません。自分の中に、前向きなモチベーションをもっているか。それは、温かい空気を纏って、周囲の人が一緒にいたくなる空気なのか。少し複雑化しますが、そういうことだと思います。あるいは、もっとその細部を言語化して定義に起こすこともできるのでしょうけど、この本に関してはそういうものでもない気もするので、ここではやめておきます。

僕たちの活動も、大部分ではないけど、そういった虐待や貧困支援などのハイリスクゾーンの支援に関わることがあります。その時間を切り取って「楽しいかどうか」の話ではなくて、ある種の使命感も含めて、僕たちの中の「やりたい」に従っています。

経営

経営について、簡単にお話しします。まず、一般社団法人えんがおは25歳の時に僕が法人として設立し、2023年3月で7期目が終わりました。7期目の事業規模は6648万9896円でした。常勤スタッフ6人と、各事業のアルバイトスタッフ約30名の組織です。立ち上げて最初の月の売上は500円だったので、まあよくやっているほうだと思います。

比率としては、6600万円のうち約5500万円が自主事業、寄付・会費が370万円、補助金・助成金が500万円、その他、という形です。自主事業には、委託事業や制度事業、その他の自主事業が含まれています。

全体の構造としては、営利事業と非営利事業を両方やっていて、営利事業のほうでなんとかみんなの人件費を稼ぎ、寄付や会費・補助金や助成金で「お金にはなりにくいけど、社会に必要なこと」に取り組んでいます。

えんがおの強みは「相乗効果」です。非営利事業はとにかく赤字ですが、それをやっているからこそ営利事業の施設運営なども他の事業所にはないよさが生まれています。結果として、非営利をやっているからこそ営利事業の利益率が上がる。そんな感じです。

7期目は、最終的に30万円の黒字でした。これは、規模からするとかなりギリギリで、寄付や会費がなければ一発で大赤字の年でした。あぶねー。

毎年こんな感じで、首の皮一枚で運営しています。事業や補助金、委託費などは少し安定しにくいので、もっと寄付や会費を集められる、応援しがいのある組織になっていくことが重要だと思っています。

経営って、みんな悩みますよね。僕も、7年やっても1年目と同じように悩んでいます。なので、みんなで悩みましょう。対面でお会いした時や事業相談（有料になってしまって申し訳ないのですが）で相談してくれたり聞いてくれたら、僕も一緒に悩みます。

一点難しいのは、どんなに相手に相談しても、答えは自分の中にしかないということです。その地域の強みを活かし、自分とメンバーの強みを活かした形を探り続けるしかない。この難題を、ほどほどに楽しみながら向き合っていきましょう。

「中間支援」について

「乗るしかない。このビッグウェーブに」

——各地の小さな動きを連動させて、社会を変える波にするために

さて、Part1で丁寧に説明してくれた、医療職やまちづくりなどさまざまな分野からのつながりづくりの活動。僕も合わせたこの5人がどうしてつながったのか、なぜこの5人で本を出すに至ったのか、何を目指しているのか。このPart2は少し真面目すぎる書き方になってしまって読むのも疲れると思いますが、もう少しお付き合いくださいい。

えんがおが始まってしばらくした頃。発信も意識していたおかげで、少しだけ世間に関心をもってもらえました。そうして感じたのは「えんがおと同じような取り組みをやりたい、と思ってくれる人がたくさんいる」とい

最近「えんがお」に入った新人スタッフ。例のやつ（元ネタ知らない人すみません）

うことです。ほぼ毎週のように「多世代交流をやりたい」「（不登校生や子育て世代、障害者などの）居場所をつくりたい」という人からの問い合わせを受けていました。

僕たち自身が教えたり、広げたりするレベルにないことは正直自覚していましたが、えんがおの活動がすごすぎない（かけ離れていない）ことで、具体的な問い合わせが増えたのだと思います。あと、僕が生真面目で冗談の一切通じない性格で、チームメンバーみんなそんな感じなことも大きいのかもしれません。

いくつか話を聞いているうちに、これは「連携」が必要だと思いました。各地でいろいろな取り組みが進んではいるけど、活動内容的に「答えのない問い」が多いんです。

一人暮らしのおじいちゃんから「寂しいから毎週来てくれ」と言われて、毎週訪問してみる。遠方に住んでいるご親族の方から「勝手なことするな」とクレームを言われる。

不登校生が集うようになって、みんなで遊んでいたら「子どもの声がうるさい」と言われる。そんな時、悩むんです。クレームを言われたからやめたほうがいいのかも、と。そしたら、おじいさんの寂しい気持ちはどう解消して、子どもたちはどこで遊べばいいのか。でも、地域の人の声を無視していいものか…。僕も実際に言われました。「子どもの声がうるさい。地域をよくする、と言って、地域に長く住んでる人の意見を無視するのか！」と。

そんな、答えのない悩みの連続なんですね、つながりづくりって。それを個々で悩んでしまうと、いつの間にか気持ちがすり減ってしまう。そうならないために、「こんなクレームが来たんだけど、みんなはどう対応していますか？」と聞けるつながりがあって、数年早く取り組んでいる団体が解決策を提案したり、みんなで一緒に考えたりできるような連携が必要だと思いました。

そこで、ちょうどその時期に僕とよく連絡をとっていた同世代4人をグループにしました。Part1で活動紹介をしてくれた4人で、たまたま僕のほうが少し早く始めたから威張り散らしているだけで、同じものを目指している人材でし

ごちゃまぜサミットのメンバー左から、上田（ヒトナリ）、濱野（えんがお）、高橋（ユアセル）、橋本（暮らり）、萩原（ソンリッサ）

た。

僕も含むこの5人の定期会議は、想像以上に大きな価値を感じました。それぞれの現場での悩みや得た知識の共有、1年目の活動者への情報提供などなど、とにかく「これをもっと全国規模でやるべきだ」と感じさせてもらいました。

それで試しにやってみたのが「ごちゃまぜサミット」です。山梨県で、オンラインと現地参加のハイブリット式で開催したところ、想像を超えて100名の参加がありました。「みんながこういうつながりと、情報交換の場を求めている」と、改めて実感しました。

そこから、内閣官房孤独・孤立対策推進室担当の方々が視察に来てくれた時にその話もして、そういった活動者のプラットフォームづくり（中間支援）事業の公募があることを教えてくれました。徹夜で申請書を書き、はじめての委託事業を内閣官房から受託して、進めることができました。ここも、少しおもしろい話ができそうなので、話します。

委託事業の中でやったことはいくつかあるのですが、細かいことは孤独・孤立対策推進室のホームページに上がっている資料を見てください。一つ言えることは、僕以外は非常に優秀な全国規模の、本当に有名な団体ばかりが採択されていて、ヘラクレスオオカブトの集会になぜか一匹だけコクワガタが迷い込んでいるような状態だったことは確かです。真面目な話、事業規模的にも組織基盤的にも、内容の根拠や資料のつくり方など、劣等感を抱きつつもとてもいい経験をさせてもらいました。大きく社会に影響を与える団体は、やっぱり「発言の根拠」とか「基礎知識」がすごくレベルが高いです。国の方針などもきっちり頭に入っている印象でした。

現場大好き人は、この辺弱いですよね。僕も弱いです。でも、そのままだとずっとコクワガタだと思うので、現場もしっかりやりつつ、インプットもしてヘラクレスオオカブトを目指すべく、一緒に頑張りましょう。ずっと何言っているかわからない人は、まずはカブトムシ・クワガタ図鑑でちゃんと勉強してください。

さて、内閣府の事業でやったことを大きく三つ説明します。

①全国の活動団体へアンケートをとり、それを分析調査しました。「どんな資源があればつながりづくりの活動はもっと広がっていくのか」の研究です。

②全国の活動者、今後活動したい人のプラットフォームをつくりました。

③期間限定で、居場所づくりに特化した創業支援を行いました。

①では、いまつながりづくりや居場所づくりなどの活動を行っている人向けにアンケートを実施しました。定義づけはあえてせず、自分の活動がそれにつながっていると思った人に答えてもらいました。結果、おもしろいです（一部抜粋して186ページで紹介）。詳細に見たい方は、一般社団法人えんがおのホームページよりご覧ください。

見ていただいてわかる通り、100を超える団体の悩みなどを調べた結果、オンラインも活用した「活動者同士のネットワーク」と、各地の事例をもとにした「ケーススタディ」が必要なことがわかりました。

そこで、Facebookのグループ機能を活用して、オンライングループを作成しました。居場所づくり、つながりづくりに関心のある人同士が情報交換できるグループです。名前は、委託事業の性質も込みで「全国居場所づくり（孤独・孤立対策）ネットワーク」としました。すると、これが驚きで、口コミだけでなんと4ヶ月で登録者が1000人を超えたんです。

こうした活動に関心がある、すでにやっていて他の人と情報交換したい、と思っている人が想像以上にたくさんいることがわかりました。掲示板のような形で日々情報交換をしつつ（それのみにとどまってしまう課題はあるのですが）、さらに2、3ヶ月に1回Zoomで「公開居場所づくりミーティング」もやっています。これは、実際にみんなで顔を合わせて事例共有をしたり、相談をしあうものです。毎回全国各地から約50人の参加があります。この成果に内閣府の方は驚いていました。こうやって、市民団体側からも関心の高まりや活動の環境整備の必要性を伝えていくことで、予算が増えたり、支援の幅が広がったりすると思うと、いろいろ大変だけど外に広げていく活動も大切ですよね。

ちなみに、このオンライングループと居場所づくりミーティングは今からでも誰でも無料で参加できます。関心のある方は、まずはオンライングループに入って情報を追ってください。

③「期間限定で、居場所づくりに特化した創業支援」では、委託事業期間だけの取り組みですが、居場所づくりに特化した創業支援を行いました。創業希望者4名に外部のすてきなメンター（伴走者）をつけて、約半年間の伴走支援をする取り組みです。ここでは詳細は割愛しますが、北海道、長野県、兵庫県で新たな取り組みが生まれました。

話が少し複雑になりましたね。すみません。後半の委託事業の話は、いわゆる

全国居場所づくり（孤独・孤立対策）ネットワークのFacebookオンライングループ
▶https://www.facebook.com/groups/800350008038237/

回答抜粋

年間の収益額

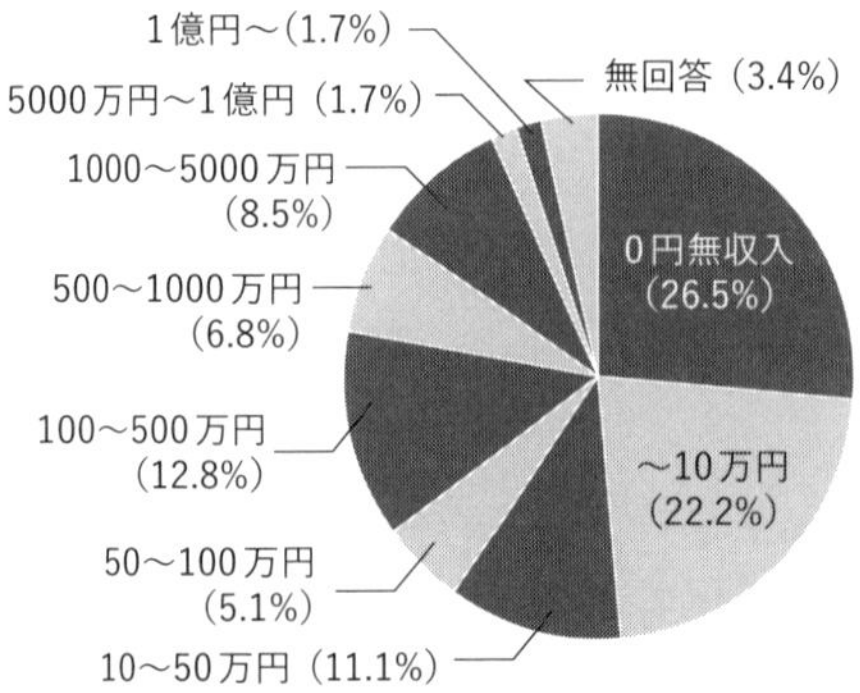

主な収益源

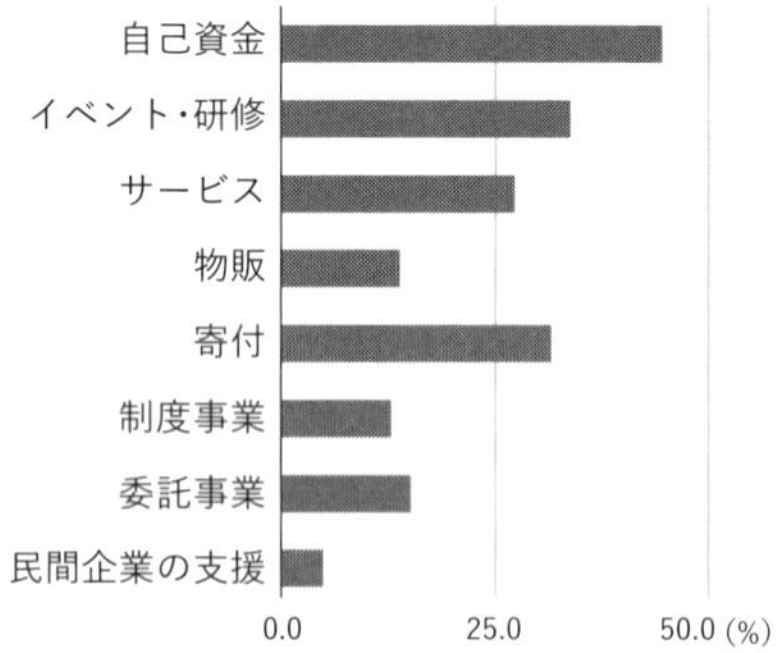

半数以上の回答者が50万円の収益にとどまっており、人件費を十分に捻出できている団体は少ないと推察される。
自己資金以外では、自主事業(イベント・研修、サービス、物販)や寄付によって収益を得ている回答者が多く、比較的規模の大きい一部の回答者は制度事業や委託事業を活用している割合が高かった。

まとめ

〔資金調達・収益化〕
居場所存続のための財源確保が喫緊の課題。資金が個人の持ち出しで始まり、これからも収益は見込めず、運営を維持するための支援金などが多くあると助かる。
基本的に居場所の活動は収益にできず、小さな企画もわずかな資金にしかならない。運営にかかる補助がないと、家賃や光熱水費を個人にたより、収支はマイナスになってしまう。

〔事務・運営管理〕
活動を継続させるための経営面、組織管理等の知識がないことが悩み。
企画運営力を個人に負ってしまうため、その個人の事情で活動が伸びたり停滞したりする。
地方の過疎地域で事業をやっているということもあり、高齢者はたくさん住んでいるが若い方が圧倒的にいない、マネジメントができる若い世代の能力をもった人材の確保が最大の課題。

上記は集計されたものを一部抜粋して紹介しています。詳細は、えんがおのホームページよりご確認いただけます。

アンケート概要

調 査 方 法：オンラインアンケートフォーム（Google フォーム）による回答
調 査 期 間：2023年8月11日～ 2023年8月31日
有効回答数：111件

回答者の背景

代表者年代：20代（17人）、30代（21人）、40代（35人）、50代（24人）他
活 動 主 体：個人（19.7%）、団体（77.8%）、その他（2.6%）

■活動期間

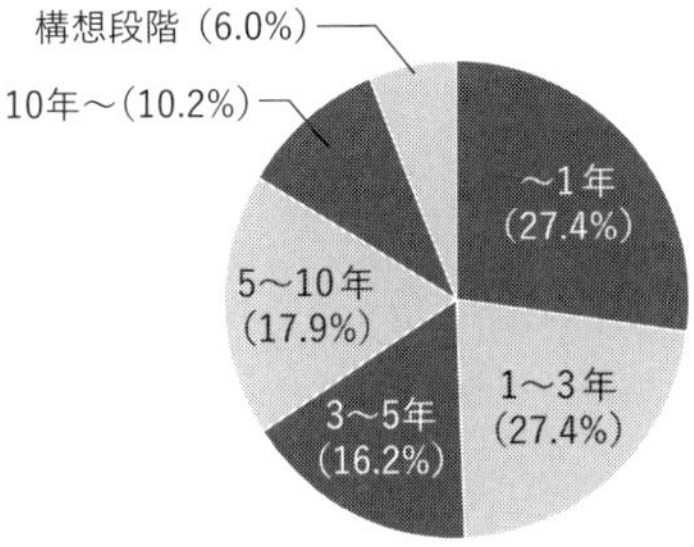

■運営メンバーの人数

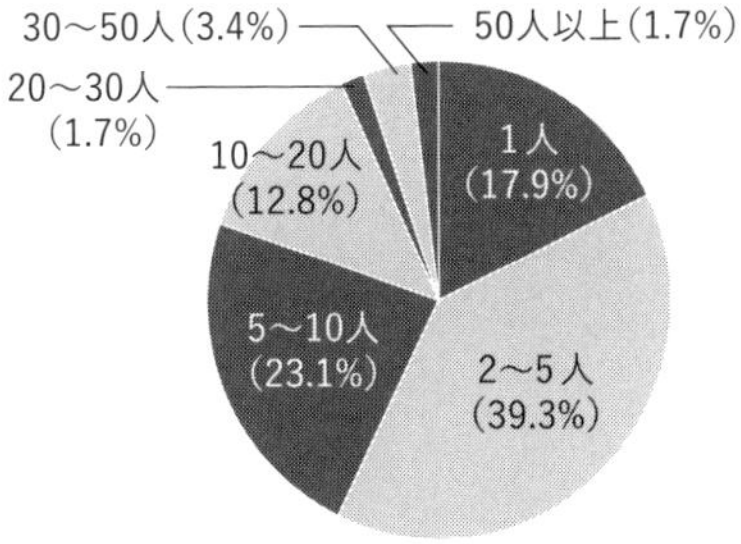

約50%の回答者が3年以内の活動期間にとどまっており、比較的新しい団体からの回答が多く運営メンバーとしては、10人未満、少人数の回答者が大半を占めた。

■主な活動分野、テーマ

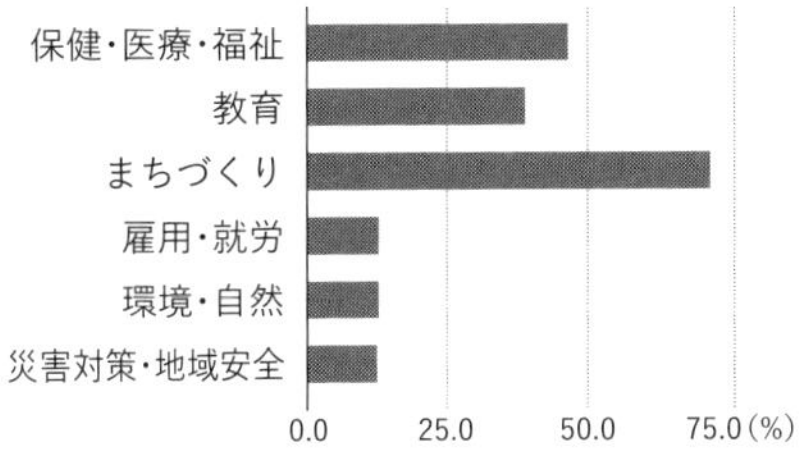

保健・医療・福祉、教育、まちづくりに多くの回答が寄せられ、他にも雇用・就労、環境問題、災害対策などの活動が見られた（アンケート結果の偏りは展開経路の影響が考えられる）。
また、支援対象者においても乳幼児から高齢者まで年代を問わず幅広い孤立・孤独を抱えた方をカバーした回答結果となった。

「中間支援」といわれる取り組みです。現場の活動はすごく大切で、尊いです。その活動をさらに他の地域にも広げていくために、連携や協力のための基盤をつくるお話でした。このあたりは、僕たちもまだまだ全然できていなくて、これから頑張ろうとしています。そうしてしっかりとした根拠と資源をもって、いつかあなたの活動も支えられたらいいなと思っています。これが、今一般社団法人えんがおが現場をより深めていくことと並行してやりたいこと、やろうとしていることです。

さて、今回の本の中で僕が伝えたかったことは、とりあえず書けたかなと思います。どれか一つでも、みなさんのお役に立てるフレーズがあったらうれしいです。

Part3では、さらに広い視点で、高い視座で、これからの「居場所づくり」が目指すもの、意識すべきことが語られています。そうした視点ももった上で、地域の中でニーズを丁寧に救い上げ、応えていく。そういう活動が社会に広がり続けることでしか、本当の意味での変化は起こせないのだと思います。

みんなで学んで、みんなで試行錯誤して、知恵を共有して、変えていきましょう。そのためのネットワークづくり、僕ももう少し頑張ります。

PART 3

居場所づくりのめざす先

超高齢化社会や孤独・孤立といった社会課題に取り組む若者の活動に、在宅医療の現場の第一線で活躍されている医療法人社団悠翔会理事長・診療部長の佐々木淳先生を招いて、「つながりづくり」や「居場所づくり」の意義について議論し、さらに孤独や孤立が社会問題化する中で、どのようにそれらを解決するか、そして社会的なムーブメントがどこへ向かうべきかについても探求する。

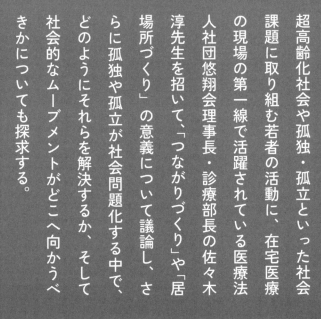

高齢者の真のニーズに応える

濱野　在宅医療の現場の第一線で活躍されている医療法人社団悠翔会の佐々木淳先生を招いて、居場所づくりの現在地と目指す先について、先生の視点で改めて深めていきたいと思います。

まず、最初に先生が普段、在宅医療をされている中での気づきはありますか?

佐々木　ありがとうございます。私は医療法人社団悠翔会で在宅医療に関わる仕事に携わっている佐々木といいます。みなさんほどではないですけど、クライアントの暮らしに近いところで活動しています。

その中で最近強く感じることは、自宅で生活を続けることが難しいケースが増えてきているということです。東京都の総死亡数は年間約12万人[*1]ですが、そのうちの2割（約2万4千人）が自宅で亡くなられています。[*2]

この2割という数字ですが、自宅で亡くなった方は自殺や事故死、異常死なども含めてすべて在宅死です。具体的にどれくらいの事故死が含まれるかはわかりませんが、東京都監察医のデータによると、年間8950件の死体検案をしていることがわかります。[*3] つまり2万4千人の在宅死があって、8950件の警察による検死が行われるということは、もしかすると約4割の方が異常死なのかもしれません。年齢別の統計をみると、65歳以上で一人暮らしをしていて、亡くなってから発見されるケースが約6300人ほどあって、そのうち男性は、半分以上が1週間以上経ってから発見されています。*3

東京は、一人暮らしの方がたくさんいるので、家で亡くなるケースはめずらしい話じゃないんです。在宅診療やヘルパーが入っていれば、その方を発見できますが、残念ながら1週間、2週間経ってから死体で発見される方がかなり多いんです。

日本という豊かな国で、最期が腐乱死体で見つかる割合が無視できないくらいあるというのは、かなり衝撃的ですよね。だからこそ、この現状を知っておくことは大事だし、無視してはいけない問題だと思っています。

医療法人社団悠翔会
理事長・診療部長
佐々木　淳
Jun Sasaki

1998年筑波大学医学専門学群卒業。社会福祉法人三井記念病院内科／消化器内科、東京大学医学部附属病院消化器内科等を経て、2006年に最初の在宅療養支援診療所を開設。2008年医療法人社団悠翔会に法人化、理事長就任。2021年より内閣府・規制改革推進会議・専門委員。

現在、首都圏ならびに愛知県、鹿児島県、沖縄県に全24拠点を展開。約8,500名の在宅患者さんへ24時間対応の在宅総合診療を行っている。最期まで自宅で過ごしたいと願うすべての人の想いに応えるために邁進している。

〔主な著書〕
『在宅医療 多職種連携ハンドブック』（法研、2016）、『在宅医療カレッジ―地域共生社会を支える多職種の学び21講』（医学書院、2018）、『在宅医療のエキスパートが教える 年をとったら食べなさい』（飛鳥新社、2021）、『現場で役立つ　よくわかる訪問看護』（池田書店、2023）他。

支援を必要とする人がいて、基礎疾患を管理できていない状態で、しかも臭いがしてこないと見つけてもらえないっていうのは、実際の問題として誰にでも起こり得る状況になってきています。

もちろん支援につながれば、日本にはさまざまな支援制度がありますから、なんとか生活をしようと思えばできるかもしれないけど、いろんな意味で支える力がないので、たとえば、東京では年間約90万人もの方が救急搬送されていて、そのうちの6割が高齢者なんです。その運ばれた方を病院の立場でみると、約半数が軽症の方です。それが少数なら問題ないけど、およそ35万人もいるということです。[*4]

本当は、地域の医師や少し医療の知識がある方、またはおせっかいな方が近くにいれば「ちょっと風邪気味なんだけど」「じゃあ、薬を買ってくるね」ですむはずなんですが、近くに頼れる方がいないと119番に頼ってしまう。つまり高齢者の救急搬送が、命に関わるものというよりは、119番以外に相談相手がいない社会支援の少なさに起因するのではないかということです。

フランスにみる救急医療本部の体制

私は千葉市の診療所の院長をしていますが、千葉市の消防庁消防局のデータをみると、救急車の出動がかなり増えていることがわかります。[*5] その割合が頻回なコールで、すべての人ではないけれど、「具合が悪い」と連絡すると、消防119番は必ず電話に出てくれて、場合によっては救急車が家まで来てくれて「大丈夫ですか」と気遣ってもらえる。そして病院に運んでもらい、たとえ病院で冷たくあしらわれても関わってもらえるということがクセになってしまう。こういった背景には「寂しい」ということが結構あるようです。

これは日本だけの現象ではなく、海外の都市部でも同様の現象が起こっていて、たとえばフランスでは、救急医療本部を「サミュ（SAMU）」と呼んで、二つのセクションにわかれています。一つは「サミュバイタル」と呼ばれ、命を守るための部門で、もう一つは「サミュソーシャル」とよばれ、社会的な支援が必要な人々を対象にしています。もしも、救急医療本部にかかってきた内容が社会的な問題であると判断された場合、救急車の代わりにソーシャルワーカーが患者の家に訪問する仕組みがあるんですね。そういったサービスをすることで、フランスは救急医療の適正化をはかったりしています。

一方、日本は医療や救急車両に予算を充ててしまい、本来その人たちが求めている真のニーズに応えられてないと思います。

東京では救急搬送のコールが多いため、救急車の増加を求められますが、救急車を1回出動させると4～5万の費用がかかってしまいます。仮にそのうちの3分の1が社会的なコールだと考えると、5回搬送するのと同様の金額でソーシャルワーカーを一人雇うことができるかもしれません。つまり救急車を増やすだけではなく、予算の投資先を見直す必要があるということです。

患者さんたちは本当は病院に行きたいというわけではなく、話し相手がほしいと思っているかもしれない。自分が困った時に相談にのってくれる窓口がほしいと思っているかもしれない。そういうふうに考えると、今、医療費48兆円が問題になっていますが、このうちの4分の1でも社会援助に投資することで、今後みなさんの負担を軽減できるのではないかと思っています。

社会的なつながりと居場所の重要性

東京で在宅医療をしていると生活基盤が整っていないことがわかります。それは経済的基盤や生活力の問題もありますが、そもそも「友だちや親戚がいれば普通はなんとかなるじゃん」というところがありますが、都会の特徴として身近にサポートしてくれる人がいない。そういう意味では濱野さんはじめみなさんが活動されているところは、適度に人がいて、田舎的な側面もあり困ってる人を「ほっとけない」そういう基盤がありますよね。「ほっとけない」気持ちはあるけれど、どうすればいいかと思っている人たちに、みなさんがきっかけを提供しているところがあって、それがすごくいいなと思います。

その地域にある可能性を、みなさんが上手に活性化している。建物があって、人がいて、そこを拠点に人がつながる。そのつながりが「目に見えない地域の財産」になっていく。そういう取り組みはすごく可能性があって、この方向に社会投資を進めていくべきじゃないかなと思いました。

濱野　とてもおもしろい内容で、「サミューソーシャル」についてふれていただきましたが、まさに必要なんだと思います。みんな相談相手がいないから、救急車を呼ぶこともあるし、救急車の派遣だけでは解決しない場合もある。そこでソーシャルワーカーや居場所づくりに取り組む人が派遣されて、話を聞いてくれたり、支援してくれたりするだけで、解決につながる場合もある。この本質的な解決に求められているのは「居場所」や「つながり」だと考えているので、もっと社会的にこの考え方を広めるにはどうすればいいのか、それが今後のテーマですよね。

都市部におけるコミュニティ形成の可能性とモデル

濱野　都市部だとコミュニティを形成すること自体、なかなか難しいとおっしゃっていましたが、都市部でできる居場所の可能性やコミュニティを形成している成功モデルはありますか。

佐々木　都市部で可能性があるとすれば、一つは人工的につくるコミュニティです。そのまちの文化とか歴史とかの延長線上ではなくて、コーポラティブハウス（入居希望の数世帯が集まって、建築家とともに共同でつくる集合住宅）のようなものをつくり「私たちはこういうコミュニティをつくります」というように魅力的なコミュニティを先につくってしまい、そこに少しずつ引き込むみたいなことはあるかなと思います。

二つ目のモデルとして、何十年という単位で住民同士がコミュニティを構成することに成功している地域があります。大きく分けると古い都営住宅や世田谷、浅草のように昔からそこに家をもっていて、次の世代も住むかもねというような地域です。

東京の特徴として、学生や若い会社員のような一時的に住む人が多いので地域に対する帰属意識というのがそもそもそんなに多くありません。ただ都営住宅だとなにかといい場所だし、死ぬまでここで暮らすという人はたくさんいる。世田谷とか浅草だと三世代ここで暮らしていて、自分の子どももここで暮らすという特殊な地域というのはあると思います。

いろいろな東京があるので一面的に語るのはすごく難しいですが、大きく分けると「新しい魅力的な求心力のあるコミュニティを自分たちでつくって、そこを中心に関心のある地域の人たちの一部をつないでいく」やり方と「もともとあるコミュニティをうまく活用する」その2点かなと思います。

新たなビジネスモデルと地域の幸せ

「居場所」に生きがいを見つける

濱野 そうした状況を受けて「居場所づくり」や「つながりづくり」を始めたいという若者が、今とても増えているように感じます。ただまだまだ模索の段階で成功モデルもないため、みんな出口が見えない中を進んでいます。先生にお聞きしたいのですが、こういった若者たちの動きを見て社会活動の今後向かっていく方向性や期待されることはありますか。

佐々木 そうですね。おそらく対象としているすべての人が活動に好意的に参加するというのは難しいと思うんですよね。ただいずれにしても、つながりというのは必要で、つながりの中に「居場所」という役割が自然発生して、そこに生き甲斐を見つけることができるというのはやはり重要なことだと考えています。

みなさんの活動に共通するすてきな点としては、対象者がサービスを受けるにとどまらないことですよね。たとえば「お祭りやるからみんなおいでよ」ということだと施しになるけど、「じゃあ、お祭りするなら私お店を出します」というと今度は、「施す側」になるわけです。いかに地域の人たちが、自分が施されている感じではなく、自分がその一部として機能しているかというのはとても重要で、「あそこに行くと自分は役割を果たせてる！」というような自分の存在意義というのが、生きていくためにはどうしても必要なことだと思います。

そういう中でみなさんには、事業をたくさん起こしたり、起こす手伝いをすることを期待しています。たとえばみなさん自身がいろいろなスモールビジネスを地域に増やしていく方法もありますし、もしくは地域で何かしたい方に企業とマッチングするプラットフォームを提供する方法もあると思います。

なぜこんなことを言うかというと、65歳以上の人たちは働きたいと思っても、働ける場所が基本的にはないんです。内閣府や民間企業の調査でも、高齢になっても働き続けたいという人たちは過半数いるけど、実際に正当な報酬をもらう形で就業できている人は16％しかいません。ボランティアも含めて社会活動をできている人は20％しかいない。何かしたいと思ってるけどできてない、手段や機会、場所も情報もない。そういう方たちをなんとか活性化していくことがとても重要だと思っています。

たとえば地域の企業と連携して「3人集まったら一人前なんで、3人まとめて一人分の賃金をお願いします」とした場合、本来デイサービスでかかる費用のうち、みなさんは半分自治体から受け取りその一部を働いている人たちにフィードバックすれば誰も損しないと思うんです。

そういった細やかなコーディネートをする、「ソーシャルコーディネーター」や「ソーシャルワーカー」のような仕事をする方がいないので、地域を熟知した人材が高齢者でなくてもマッチングすることができると、単に税金を納めるだけじゃなくて高い価値で地域に還元されるみたいなこともできるのではと思っています。東京では難しいけれど、みなさんの活動しているコンパクトな自治体であれば、おそらく効果が目に見えやすい。仮に「救急搬送が年間10件減りました」となると行政にとっては40万円のコスト削減につながりすごく可視化しやすいですよね。そういうビジネスモデルを地域でみなさんが築いていく「つながり」をプラットフォームにして、お金儲けを考えてほしいと思います。

やはりお金儲けにつなげていかないと、事業は持続できないし、単にモノを売るだけでなく地域で役立つサービスを提供することで地域全体の福祉にも貢献できる。そういった新しいビジネスモデルにぜひ挑戦していただければと思います。

高齢者の多くは居場所がほしいし、施されるよりも施す側でいたい、現金だって少しはほしいと考えている。自治体は介護保険制度だけでは限界があることもわかっている。若い人たちは、高齢者のケアに直接的に関わるよりできれば経済生産性の高い仕事をしたいと思っている。そうなるとみなさんもNPOだからということでなく、事業を大きくして事業の規模に応じた、正当な報酬が得られる仕組みに法人もしないといけないと思います。

お金儲けって悪いことじゃなくて、誰かの善意だけで支えられる仕組みというのは、持続するうえで難しくて、たとえ善意からスタートしたとしても、ビジネスモデルがお金をうみ、お金の循環が地域の幸せを増幅していくようにすると、後続者がついてくると思うんですよね。

今、私たちが税金や保険料という形で納めたサービスに合わせる生き方を強いられてますが、そうではなく地域でお金が動いて、地域に住む方たちが「生活を選択できる」というのはすごく豊かなことですよね。社会保障で支えている多くの部分が地域に居場所があるだけで、十分対応できるものがあると考えています。

たとえばデイサービスを利用する方の中には、社会参加や家族の時間をつくるためだけに行ってる方もいると思いますが、その方が朝から晩まで利用すると介護保険料から1万円かかります。もしその方が、一日楽しく働き、お昼ご飯をみんなと食べて、満足して帰ってくる。ということができれば、自治体は介護保険の支出を1万円節約できるわけです。その節約できた分を成功報酬として、みなさんと働いた方で受け取る。

同時に地域活動、文化的な活動を続けることで、高齢者は筋トレしなくても、フレイルのリスクが4分の1ぐらいまで下げられることは研究でも明らかになっているので、介護予防として働き続けてもらうだけで要介護は防げるんです。

一般的な経済の原理でいうと、年齢によって最低賃金を払えないかもしれないけど、その方がデイサービスを使わないということ自体、地域にとっては利益になるので、いわゆるソーシャル・インパクト・ボンド※のような枠組みの中で、みなさんが成功報酬を受け取るモデルは、十分採算がとれるんじゃないかと考えています。

※ 資金提供者から調達する資金をもとに、サービス提供者が効果的なサービスを提供し、サービスの成果に応じて行政が資金を償還する、成果連動型の官民連携による社会的インパクト投資の手法の一つである。[*6]

地域の未来を拓く新たなモデル

萩原　群馬県前橋市で活動しているソンリッサの萩原といいます。私が考えている仮説を2点お尋ねします。一つは先ほどのソーシャル・インパクト・ボンドに関することで、私たちは人口33万人ほどの前橋市で、社会的インパクト評価の専門家や日本老年学的評価研究機構（Japan Agency for Gerontological Evaluation Study：JAGES）の研究者と協力して活動しています。

前橋市は、要支援の方や基本チェックリストの方に対して基礎調査を丁寧に行っていて、たとえばそこでNPOや自治体などと連携し、地域活動に参加している高齢者とそうでない高齢者の健康寿命に関する調査を5年から10年単位で行った場合、大きな差がでると考えています。先ほど先生のお話にもでてきましたが、健康寿命が伸びると救急搬送の減少にもつながり、行政の介護保険に関する支出も抑えられることが予想されます。そしてその結果を専門家や研究者をいれて数値化しモデルケースを作成することで、抑えられた支出から、地域活動をしたいと考えている若者たちにお金が流れる仕組みが実現するのじゃないかと考えています。

ソーシャル・インパクト・ボンドの可能性

佐々木　一般人口の要介護の進行状況や医療・介護の依存度を数字で示して、それが関わっているコミュニティとの差異を明らかにするというのは、とてもわかりやすくて有益じゃないかなと思います。そして、その差異が何に起因しているかというのは、評価をつけるためにも立証する必要があります。萩原さんには研究者の方が関わっているので、立証は十分可能だと思います。

ソーシャル・インパクト・ボンドの考え方というのは、この領域に絶対に入れなきゃいけないなと思うんですよね。後期高齢者医療制度や介護保険などに集まる資金を活用して、地域の介護ニーズや医療費の増加のシミュレーションが出てるわけだから、ここの部分にどの程度抑制できるかを正確に定量化していくっていうのは、すごく大事だと考えています。

1年、2年では難しいかもしれないけど、5年、10年先の目標として、みなさんのような取り組みをしている方が、連帯して数値化する努力をしていくというのはとても重要なことだと思います。

自治会の変革と地域の発展

萩原　ありがとうございます。もう一つの仮説について、東京では自治会の加入率が低いのに対し、私のいる前橋市だと自治会の加入率が80%を超えていて、まだ自治会を中心とした見守りや高齢者の孤立・孤独に対して関わりが行われています。ただ、担い手が不足し持続化が難しい状況にあるため、将来的にはいくつかの自治会を統合していく動きがあるんじゃないかと考えています。

そして統合していくときに、今の自治会の運営組織を変えて、地域住民、高齢者、若者に加え民間のNPOや地域外の方にも構成員になってもらい、市民活動はしっかりと残しながら、DXやホームページを活用することで若い人も参加しやすくし、住民の負担を減らす新しい自治組織に変えていくことを考えています。

これによって地域自治そのものが広がっていき、新しい自治組織のモデル化や要因分析をしたものをガイドラインにまとめて、無償で公開して全国に広めることで、文化的な広がりがうまれるんじゃないかと思っています。佐々木先生はどう思われますか？

佐々木　お話を聞いていて、機能する自治会をつくるというのは、「つながり」の基盤として重要だと改めて思いました。現時点では、自治会に注目して活動している人はまだ少ないかもしれないけど、そのポテンシャルはすごく大きいかもしれません。

ただ地域のニーズという点でみた時、前橋市もエリアごとにかなり差があると思います。そういう時に、自治体からのトップダウンではなくて、自治会単位でのボトムアップというのは概念としてすごく重要で、基本的に自治会がイニシアチブをとって、自治体がそれを認証するという形にすると、今後の地方自治の形そのものを変えていく可能性があると思います。

そして、ガイドラインのプロトコルを公開するというのはまさにそのとおりで、まずはパイを広げないといけない。今は、市場規模がすごく小さいけれど、介護保険でカバーできない高齢者の生活基盤を介護保険と組み合わせながらカバーしていくと考えると、介護保険市場に並ぶぐらい潜在的なマーケットの広さはあるかもしれません。

ここから先どれぐらいのスピードでマーケットを開拓していけるかを考えると、閉鎖的でなくオープンにしながら仲間を増やし、市場規模を拡げることが重要なのかなと思いました。

濱野　萩原さんならではの視点でありがとうございます。お二人のおっしゃるとおり、福祉やNPOの分野では、エビデンスをしっかりと蓄積する取り組みはとても弱い業界だと感じています。だから、価値ある活動をしてきたけれど、予算確保に対して説得できなかったというのがあるんですよね。

これから居場所づくりを始める場合、最初からエビデンスを蓄積することに意識を向けることが重要だと改めて思いました。

地域を活気づける新たなビジネスモデル

濱野　これまでの話にあったようにソーシャル・インパクト・ボンドのように公的な予算を確保することと同時に、居場所と地域の会社やお店がコラボレーションし、そこで報酬を得ることも居場所づくりの活動にとって重要なことで、その経験をお二人から話していただきます。

橋本　私が運営しているデイサービスの取り組みで、2時から3時の間に「家に帰りたい」と突然言いだし、怒りだす時間がある認知症の方がいます。その方をどうにかできないかなという課題がありました。そこで法人の向かい側にある老舗のお豆腐屋さんが、人出不足でお弁当の配達に困っているニーズがあったので、車に認知症の方を乗せて、一時間の配達を回る取り組みをしました。認知症の方にとってもいい息抜きの時間にもなり、法人として微々たるものですが収益を得ることができています。

企業から収入を得る取り組みとして、お店や企業の困りごとに対して人材をマッチングする取り組みが、スモールビジネスとして成立するのかなと考えています。そういうコーディネーターの役割をする介護保険事業所って実は少ないんです。その方たちができることを把握し、できる作業をつくりだし、企業とマッチングすると多様な方の受け入れができるんじゃないかと思っています。たとえば認知症の方で、カレーを作ることはできないけど、玉ねぎのみじん切りならできる。こういう作業と企業をマッチングしながら、そこに福祉的な機能を付与していくことは、これからの活動にとって大事だと考えています。

濱野　それいいですね。いろいろな企業の作業の中でも単純作業みたいなものを抽出し、そこを地域で請け負うようなことは意外とできてないですよね。そのモデルが一つあると企業側も依頼する作業を考えやすいし、それをコーディネーターが企業から受託し、就労支援の高齢者版みたいに受注していくというのは、ビジネスとしてありですよね。

このあたりは佐々木先生がおっしゃったエビデンスともう一つは「居場所づくり」を始める時、どうしても福祉に寄りすぎてしまうけれど、企業や自治体などから報酬をもらう事業をして、それを高齢者と配分するようなモデルを築いていく意識って、今まであまりなかったことだと思います。けど、それができるとイノベーションを起こせるかもしれないですよね。

このあたり上田さんが地域のお店とのコラボレーションの話がきてるんでしたね。

地域資源を活かしたビジネスコラボレーション

上田　私の場合、近所の飲食店街が最近、人手不足と不景気いうこともあり、ヒトナリに元気に通っている75歳以上の方々がつくっているお惣菜を地域の飲食店さんが、お店で出す用に購入したいという依頼や焼き鳥屋さんからは、普段知り合いや親戚に手伝いでしてもらっている串打ちの依頼がきています。

そういう困りごとに対し、たとえばセントラルキッチンを近くに借りて業務を請け負い、その報酬を手伝ってくれた方に支払う。そういった取り組みができると、地域と居場所のコラボレーションが可能になるんじゃないかと思っています。
もう一つは地域の寄付の受け皿になる取り組みとして、場所や財産、車など地域に思い入れのある方で、未来の地域のためになんとかしたいという想いを受け取り、それを地域に還元していく取り組みも一つあるんじゃないかと思っています。

佐々木　私たちが活動している地域でも同じような話があって、先生たちの仕事に活かしてもらえるんだったら、「家を引き取ってほしい」「畑を使ってほしい」というお話をいただくんです。それで大事なことは、その善意をいかに地域の価値に転化するかということだと思うんです。

たとえば、濱野さんがされている10年後には朽ち果てるかもしれない空き家を地域の拠点にする取り組みのように、地域にある資源を再活性化していく意味では、別にキャッシュが回らなくても価値が回る。地域の価値を回していくための通貨はなんでもいいんじゃないかと思っています。
ただ、それとは別に地域でキャッシュの流れを考えなきゃいけないのは、人生のピークを経験し、穏やかに生き甲斐をもって最期まで豊かな人生を送ることができればいい方たちと、ここから先、仕事に就いて、結婚して家を建て、子どもを大学に行かせるとなったときには、やはりお金が必要です。こういう取り組みをコーディネートするときはビジネスとして成立し、回していく仕組みは考えないといけないと思います。

その一つとして、医療介護事業や社会福祉事業といった、いわゆる公的な事業を並行して受託していくという方法があると思います。ただそれだけだと、地域の生活は豊かにならないので、そこから先はみなさんの創意工夫で地域に価値を提供しつつ、何らかの形で対価をもらうことを考える。ソーシャル・インパクト・ボンドという考え方が一般化してきたように、利益のあり方も多様化しているので、物の売り買いだけではなく新しい価値観で、みなさんが事業を切り開いていただければと思うんです。

先ほど、お弁当の配達や焼き鳥の串打ち作業を部分的にお願いするという話がありましたが、既存のビジネスの中で誰かがしてくれたらありがたいことは、おそらく地域ではたくさんあって、そういうニーズを丁寧に拾い集めながらマッチングしていくっていうのは、一つあるかもしれません。あとはどの地域も人口減少などの問題があるので、そこに新しい産業を育て地域を活性化し、新しい人を都会から呼び込むという考え方もあると思います。

日本の人口はこれからどんどん減っていきますが、一人当たりの資産としては豊かになっていく。

たとえば1億3000万人がもっていた資産を6500万人でもてるようになると、一人当たりの持ち分は2倍になるわけだから、二拠点生活をする人たちも増えてくると思うんです。そういった人口対流を生み出し、「私はこの事業があるから三原市や富士吉田市に二つ目の住所を持ちたいんです」みたいな人たちが増えていくと、地域にとってもすごく大きな価値があると思います。

自分たちでそういう受け皿を積極的につくっていく。みなさんのビジネスセンスとうまくマッチングしながら、就労支援と組み合わせてもいいし、そうでないのがあってもいい。ただ未来のビジネスモデルとして可能性は大きいのかなとは思います。

濱野　居場所づくりとビジネスについて、かなり深いところまで掘り下げてくださってありがとうございます。

もちろん人には得意分野があって、高齢者や障害がある人たちをごちゃまぜにして幸せにすることが得意な人とビジネスにするのが得意な人。この両者が連携しこれまでの居場所づくりにみられたお金にならなくてもいいから、幸せにすればいいということでなく、最初からビジネスについても考え、どうすれば継続する事業ができるかを前提として組み込むと、もしかしたらムーブメントが変わってくるのかなと思いました。

医療ニーズと生活ニーズ

濱野　おもしろいテーマが多くてパンクしそうですが、少し話は変わって地域のニーズについてお聞きします。高橋さんはこれまでなかった拠点を地域にかまえたことで、地域との関わりに変化はありましたか。

高橋　最初は拠点をかまえず、LINEやSNSを活用して活動をしていましたが、今回偶然にも商店街の一角に拠点をかまえることができて、これから商店街の方たちと連携して地域のニーズを探していく段階です。

その中で感じることが地域に入っていくのが本当に大変で、佐々木先生も在宅医療で地域に入られていますが、医療職の立場から、専門職の活かし方や隠し方、地域の中に入っていくコツなどあればお聞きしたいです。

佐々木　そうですね、私というか医者というのは地域に本当の意味で入っていけないと思います。医者がみている「地域ニーズ」というのは地域住民の「医療ニーズ」でしかないんです。

「この地域はホスピスが弱いから、在宅で緩和ケアを頑張んなきゃね」とか「この地域は小児専門の在宅医がいないから、小児専門の在宅医がいなきゃね」みたいなことが私たち医療関係者の言っている地域ニーズのことで、患者さんたちの本当の意味での「生活ニーズ」は聞けないと思っています。それは医者が行くと、「先生」と言われて、みんなどうしても忖度してしまうから言いたいことが言えなくなるんですよ。だから私たちがキャッチしているニーズは本物じゃないのかなと思っています。

あと大事なことは、地域の人たちと対等に付き合っていくためには、何かあったときに説明責任をきちんと果たせるかで、「重要なのでいいことやってるんです」ではなく、「科学的根拠によると……」のようなことがきちんと言えたほうがいいかなと思います。

コミュニティケアに関してエビデンスは十分あるので、みなさんも自信と根拠、そして熱意をもってやっていってください。きちんと自分たちの実績を数字で出せるようにしていくというのは大事かなと思います。

濱野　地域への入り方で確かにとても悩むところですよね。その中で大事なテーマだと感じた点は、地域の方と対等に付き合っていくときに科学的根拠をちゃんとだせるとか、国の方向性がこうなのでと言えることだと思いました。

これから居場所づくりやつながりづくりを進めていく人は、科学的根拠をしっかり土台としてもつことと、成果を数字で積み重ねていくことは大切だと、改めて感じました。

都市部における孤独とつながりの創出に向けて

濱野　これまでの話を聞いて、どうしても都市部の居場所づくりの難しさが気になりました。ここにいる5名は地方で活動をしているので空き家があって多少人口もいる。そして秘境というわけでもない。そういった意味では活動しやすい要素は揃っています。

一方都会は、一番深刻な人とのつながりが少なく、孤立度や孤独死率も高い。そのことを知ると都会を放置したくないという思いがあって、たとえば今後の展望として都市部ではどういった支援が生まれるとこういった問題が解消されるのでしょうか。

佐々木　実は具体的なアイデアはないんです。具体的なアイデアはないけどすごくシビアな問題で、2年前に新型コロナウイルス変異体「デルタ株」が蔓延したとき、私たちは保健所の依頼で東京の老若男女を診られるかぎり診ていました。

それで訪問したときに気づいたのは、あきらかに社会につながっていない方、支援につながっていない精神疾患を抱えている方がたくさんいました。

この問題に直面したとき、医療ですべて対応するのは到底難しい。民生委員が一人ひとりの状況を確認するのにも限界がある。そういった状況を考えると答えは二つしかない思っています。

一つ目は、東京に留まりたいのであれば、申し訳ないけど誰かとつながることや誰かがお世話を全部してくれることはないので、最後は孤独死するかもしれないけど、それでもいいと思う方は、最初から割り切って東京で生活することを選ぶということ。今も一部の東京の方は割り切った考えでいると思います。

二つ目は、とはいえみなさんどこかでつながりたいし、何かあれば誰かに相談したいと思っています。隣近所の方には声をかけにくいけど、同じ悩みをもつ人が集まる場所はあってもいいと思います。

東京のような悩みをもつ世界の大都市はいくつかあって、その一つが台湾の首都の台北市とその周りに位置する新北市です。この地域は合わせて約1000万人（台北約250万、新北約400万／2023年7月現在）の人々が暮らす大規模な都市圏です。*7

新北市は人口約400万人の都市ですが、私が訪れた時で約800か所の「地域共生拠点」がありました。この拠点は、町内会館や暮らしの保健室とも違い、地域の人たちが自由に出入りできる場所になっています。

台湾では、家で料理するより外で買って家で食べる文化があって、その地域共生拠点では食事スペースも用意されていて、買った後、家に持って帰らずにそこでみんなでご飯を食べる。そうするとみなさん顔なじみになるので「あれ、今日は○○さん来てないじゃん。2日間来てないね」と気づいて誰かが見に行くこともあるようです。

そこは会員制ではないけれど、なんとなく誰かがいて、集まる人もわかっている場所がある。そういう取り組みは、都会でもできるんだろうと思います。

もう一つおもしろいと思ったのは、新北市で行われている「タイムバンク」という取り組みです。「若い頃は時間はあってもお金がない人が多いですよね。その時間を効果的に活用しませんか？」という取り組みで、若者はボランティアとして登録し、一人暮らしの高齢者宅に遊びに行って、一緒に新聞を読んだり、映画を見に行ったりします。誰か一緒に行ってくれることではじめて行ける場所ってありますよね。たとえばスターバックスに行ったことはないけれど、行ってみたいと思っている高齢者と一緒に行って、過ごした時間に対して報酬をもらうのではなく、時間を貯金することができる仕組みです。

その仕組みは、「誰かのために使った時間は、誰かがあなたのために時間を使ってくれる権利に変えられます」という感じです。実はその権利は譲渡ができて、自分は元気だからという理由で使わない時間を、体調の悪い家族のために使うこともできます。

この権利は、公的介護サービスに切り替えることができる仕組みにもなっています。なので、お金をもらうということではなく、誰かのために行動することで、将来自分や家族のために使える時間の貯金ができる。いわば、つながりを未来にバトンパスしていくという仕組みです。

この取り組みのおもしろい点は、ボランティア活動だけでなく、老いることを学ぶプログラムになっています。お年寄りと数時間一緒に過ごすと、将来75歳になった時や認知症になった時の状況を実体験として理解することができるということです。年をとって弱って、最期には死んでいくプロセスを理解する若者が増えることで、将来は社会全体の財産になるという考え方がそこにもあります。

この新北市の取り組みは、政府が主導しているため信頼度も高く、たくさんの方が登録しています。こうした人のつながりを活性化する仕組みや、タイムバンクのような仕組みを活用し、同じ目的のために人が動き、一緒に時間を過ごすことで絆が生まれる。こういう取り組みは東京でも有効かもしれません。

ただ、東京の場合は人口が多いため、個々で行う取り組みがリーチできる人数にはかぎりがあるので、東京都の政策として「都会型のつながりづくり」は、一つのチャレンジとしてやるべきかと思いますね。

同時に意欲ある若者がこの孤立・孤独というニーズをビジネスチャンスとして捉え、誰がお金を払って何を対価とするという課題はありますが、少し奇特な若者がでてきてくれるとマーケットとして理解される可能性はあるかと思います。

濱野　お話を聞いて、孤立・孤独が前提のまちというのは寂しさもありますが、先生が今おっしゃられたような新北市の取り組みみたいないろいろな価値観が入ってくると、変わるきっかけにもなるかもしれません。若いうちは人とのつながりは煩わしいものですが、ステージが変わることで寂しくなるかもしれない。ステージごとの選択肢が都会にもあるとまた違ってくるのかなと改めて思いました。

これからはじめる方へのメッセージ

佐々木　日本は超高齢社会でこれから先、高齢者の割合が40％くらいまでなっていきます。こういう経験は世界のどこもしていません。しかもそこから先、少子化が改善されようと私たちはどんどん長生きするので、この高齢者の割合は変わらないんです。

高齢者が40%を占める人口集団が、いかに持続可能な状況を生み出すのかというと、これは社会保障の充実ではなく、医療・介護の充実でもなく、やはり生活の充実という部分以外にゴールはないと思います。

ただ、この部分にチャレンジしている人がほとんどいないという意味でいうと、みなさんがしている「居場所づくり」の活動はまだ認識されていないと思います。ただ、そこには確実にニーズがあって、認識されていないだけでニーズの巨大さはすごく大きいんだろうと思います。

課題としてはマネタイズがしにくい。いわゆる一般的な事業にしにくいというのが一つあって、それはお金を払う人、使う人の両方がそれほど高所得者ではないという現状があるし、もう一つは老後は社会保障で支えていくという考え方が固まってしまっているので、まずはその考えを変えるためにみんなでマーケット全体を広げていくことが大切ですよね。

みなさんがしている活動の尊さというのはお金を稼ぐだけでなく、その地域への価値とか社会の価値っていう意味で、あえてこの道を選んでるっていうのはすごく尊いと私は思います。

どんなにお金を稼いでも、年収が1000万や2000万を超えて、5000万や1億稼ごうが幸福度はそれほど変わらないんです。一方で、お金は豊かにあったとしても、身近に心を許せる友だちがいなかったり、やりがいのある仕事がなかったりすると、そういった人生っておそらくつまらないと思うんです。

やはり社会の役に立つ価値を生み出し、やりがいとともにお金が稼げるというのはすごく幸せなことだと思います。同時にすごく尊いことだと思うので、こういう取り組みを後続してくれる若い有能な人たちがどんどん来てくれないと日本は困りますよね。

コンサルティングファームも総合商社も金融機関もいいけど、そこに何百人もいる必要はありません。地域でやりたいという人を増やしていくためには、みなさんが成功しないといけないと思うので、ぜひそのパイオニアとして、この分野に有能な仲間を増やしながら、存在感のある産業として開拓していっていただきたい。これから先、エイジングというのは世界全体の課題なんです。日本でこの活動がモデルになれば、先行モデルとして日本が世界に発信する。世界に発信すべきものは介護保険制度ではなく、コミュニティケアの取り組みになるので自信と誇りをもって進んでいただきたいと思っています。

みなさんの成功を私も間接的になりますが応援したいなと思います。本日はありがとうございました。

〈出典〉

1　東京都保健医療局「年次推移（東京都全体）」（2017年）
2　東京都福祉保健局医療政策部「看取りに関する東京都の現状と取組」『令和元年度暮らしの場における看取り支援事業　医師向け研修（基礎編）資料』2019年
3　東京都保健医療局東京都監察医務院「東京都監察医務院で取り扱った自宅住居で亡くなった単身世帯の者の統計（令和2年）」2020年
4　東京消防庁「報道発表資料　令和5年中の救急出場件数が過去最多を更新～救急車の適時・適切な利用に引き続きご協力を！～」2024年
5　千葉市消防局「救急統計（令和4年）」2022年
6　総務省「ソーシャル・インパクト・ボンドについて」2018年
7　内政部戶政司「01. 縣市村里鄰戶數及人口數」（2023年7月）

編著者プロフィール

編著　濱野将行（はまの　まさゆき）　一般社団法人えんがお 代表理事／作業療法士

1991年栃木県矢板市生まれ。国際医療福祉大学保健医療学部作業療法学科卒。大学在学中から東日本大震災支援活動や海外ボランティアに従事。大学卒業後、介護老人保健施設で勤務。25歳の時に一般社団法人えんがおを設立。第5回iDEA NEXT グランプリ、第二回とちぎ次世代の力大賞「大賞」、第十回地域再生大賞「関東甲信越ブロック賞」。

著書『ごちゃまぜで社会は変えられる―地域づくりとビジネスの話』（クリエイツかもがわ、2021）

〔事務所〕　〒324-0051　栃木県大田原市山の手2-14-2

TEL. 0287-33-9110　HP. https://www.engawa-smile.org/

著者　高橋智美（たかはし　ともみ）　一般社団法人ユアセル 代表理事／作業療法士

1996年北海道旭川市生まれ。北都保健福祉専門学校作業療法学科卒。総合病院で3年勤務し、起業を見据え札幌市へ移住。訪問看護ステーションに勤務しながら方向性を模索中、えんがおと出会い北海道で“ごちゃまぜ”の実現のため2022年6月任意団体ユアセルを立ち上げる。“何歳になっても自分らしく”を目指し生活支援、フリースクール、イベント運営など多世代にわたる活動を行う。

〔事務所〕　〒064-0821　北海道札幌市中央区北一条西二十四丁目

上田　潤（うえだ　じゅん）　一般社団法人ヒトナリ 代表理事

1991年山梨県南アルプス市生まれ。民間企業をジョブホップした後、2020年10月に富士吉田市地域おこし協力隊に着任。高齢者の生活支援活動や地域のコミュニティ拠点を運営しながら、2023年5月、一般社団法人ヒトナリを設立。「人のつながりで社会をゆるめる」がテーマ。

〔事務所〕　〒403-0009　山梨県富士吉田市富士見1-1-5

萩原涼平（はぎわら　りょうへい）　特定非営利活動法人ソンリッサ 代表理事

1994年群馬県前橋市生まれ。祖父を突如亡くした大好きな祖母を元気にしたい！という原体験から、高校生の時に、高齢者の孤立・孤独問題を解決したいと決意。 ひとりで抱えずに優しいつながりがあふれる社会を目指し、群馬県内で「まごマネージャー」による独自の伴走型支援を行っています。若者が地域に参画する仕組みを構築することで、多世代が参加する地域社会を共創するために、①将来の地域の担い手となり高齢者に伴走する「まごマネージャー」の育成。②若者が参画する地域自治の再編。③高齢者向け訪問・居場所事業を行っている。Yunus&Youth Social Business DesignContest 優勝。ぐんま地域づくり AWARD 大賞

〔事務所〕　〒371-0825　群馬県前橋市大利根町1-30-8　斎藤貸住宅西南2番

橋本康太（はしもと　こうた）　株式会社暮らり 代表取締役／理学療法士

1992年広島県三原市生まれ。理学療法士免許取得後、広島県内の医療・介護（デイサービス・特養・病院）などで勤務したのち介護業界のベンチャー企業にてインターンを経験。その後2022年5月より、築120年の古民家（診療所兼民家）をリノベーションして、デイサービスとデザインofficeのある複合型施設「暮らり」の運営を開始。いろいろな方々が“いい感じ”に出会い、必要性に相互扶助が起こる関係性（コミュニティ）が一つの活動テーマ。

〔事務所〕　〒723-0063　広島県三原市西町2-4-39

居場所づくりから始める、ごちゃまぜで社会課題を解決するための不完全な挑戦の事例集

2024年11月15日　初版発行

編　著●濱野将行

著　者●高橋智美・上田潤・萩原涼平・橋本康太

発行者●田島英二

発行所●株式会社 クリエイツかもがわ
〒601-8382 京都市南区吉祥院石原上川原町21
電話 075(661)5741　FAX 075(693)6605
https://www.creates-k.co.jp
郵便振替　00990-7-150584

デザイン●菅田　亮

印 刷 所●モリモト印刷株式会社

ISBN978-4-86342-379-4 C0036

好評既刊本

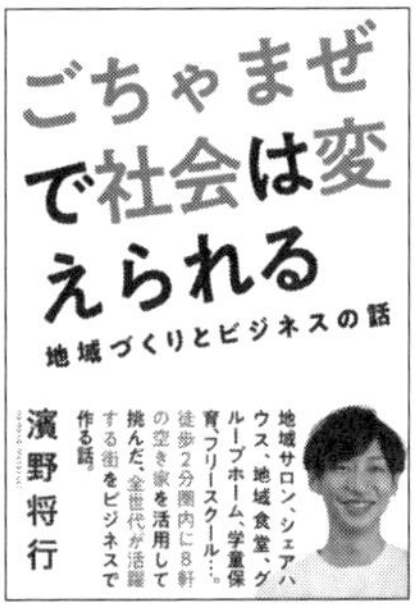

ごちゃまぜで社会は変えられる　地域づくりとビジネスの話

2刷

濱野将行／著

作業療法士が全世代が活躍するごちゃまぜのまちをビジネスにしていく物語。地域サロン、コワーキングスペース、シェアハウス、地域食堂、グループホーム。 徒歩2分圏内に6軒の空き家を活用して挑んだ、全世代が活躍する街をビジネスで作る話。

1980円

CONTENTS
Part 1　関係人口の増やし方
Part 2　地域活動をビジネスにするために
Part 3　地域活動の「発信」について
Part 4　人を巻き込む
Part 5　これからの地域づくり

働く人と「ともに創る」作業療法

元廣　惇・藤井寛幸／著

「職業病」という社会課題に挑戦し働く人とともに紡いだ「共創の物語」。これまでのベンチャー概念を無視し、多くの方と事業を共創し、地方であることを強みとした作業療法の観点を社会実装する「地域共創型ベンチャー」。「ともに幸せな未来を描く」ビジョンで、健康経営の文化を創る！

3300円

2刷

私が私として、私らしく生きる、暮らす

知的・精神障がい者シェアハウス「アイリブとちぎ」　河合明子・日高愛／編著

栃木県のごくごく普通の住宅街にある空き家を活用したシェアハウス。元キャリアコンサルタントと作業療法士の異色コンビがお金を使わず知恵を使う、誰もが使いやすい環境整備、対話のある暮らしやポジティブフィードバック……。障害をかかえた彼女・彼らが主人公で、あたり前に地域で暮らすためのヒントが満載。

2200円

生活困窮者自立支援も「静岡方式」で行こう!! 2　相互扶助の社会をつくる

津富宏＋NPO法人青少年就労支援ネットワーク静岡／編著

「困りごと」がつくり出すまちおこし―「若者就労支援」から進化した「静岡方式」とは、すべての人が脆弱性を抱える社会を生き抜くために、地域を編み直し、創り直すことで、地域が解決者になるための運動だった！

2200円

全国認知症カフェガイドブック

認知症のイメージを変えるソーシャル・イノベーション　コスガ聡一／著

「認知症カフェ」がセカイを変える――個性派28カフェに迫る
「なったらおしまい」そう思われてきた認知症。それが誤解だと明らかにしたのは、他でもない認知症と診断された本人たちでした。セカイは「認知症になってもおしまいじゃない」方へ変わりつつあります。変化の一翼を担う「認知症カフェ」を大解析。　2200円

生きるを励ますアート　五感・マインドフルネス・臨床美術

関根一夫／著

絵を描くことで脳の活性をすすめる認知症リハビリ・プログラムとして始まった「臨床美術」。この活動は、なぜ人々の心を解放し、心地よい関係性を築くことができるのか。牧師でありカウンセラーの著者が、「五感による感じとり」をキーワードに、アートの力と臨床美術の役割を解き明かす。

2200円

---

https://www.creates-k.co.jp/